외국인을 위한 글쓰기

박성애 김한결 공저

신정

해마다 한국에서 유학하는 외국인 학생은 늘어나고 있지만, 대학에서 공부하는 유학생들은 여전히 글쓰기에서 많은 어려움을 겪고 있습니다. 유학생들은 한국의 대학에서 요구하는 다양한 종류의 글쓰기에 익숙해져야만 유학 생활을 순조롭게 할 수 있는데 그것이 쉽지 않기 때문입니다. 이에 저자는 유학생들이 한국 대학에서 해야 하는 글쓰기에 조금이라도 더 쉽게 다가갈 수 있도록 이 책을 만들어 보았습니다.

저자는 수년간 유학생을 가르치면서 그들이 대학의 글쓰기에서 겪는 어려움을 직접 확인할 수 있었습니다. 이 책에는 그러한 유학생의 어려움을 반영하여 그들에게 실제로 도움이 되는 내용을 담고자 했습니다. 그래서 이 책에는 유학생들이 자주 틀리는 표현은 물론, 글쓰기 현장에서 마주하게 되는 기본 어휘도 담겨 있습니다. 이 책을 활용한다면 유학생의 대학 글쓰기를 강의하는 교수자도 수업을 훨씬 수월하게 진행할 수 있을 것입니다.

이 책은 총 네 개의 장으로 구성하였습니다. 제1장은 '글쓰기의 필요성'입니다. 1장에서는 글쓰기의 특성은 무엇인지, 글쓰기가 왜 필요한지, 앞으로 유학생이 한국의 대학에서 써야 하는 글에는 어떤 종류가 있는지 등을 다룹니다.

제2장은 '글쓰기의 윤리'입니다. 여기에서는 크게 두 가지를 다룹니다. 하나는 요즘 '핫한' 생성형 AI를 대학의 글쓰기에 쓸 수 있는지에 대해서입니다. 다른 하나는 대학의 글쓰기에서 지켜야 할 윤리가 무엇이냐는 질문입니다. 이 두 가지는 모두 대학교 신입생이라면, 특히 유학생이라면 잘 모를 수밖에 없는 부분이라 판단하여 책의 앞부분에 배치해 두었습니다.

제3장은 '글쓰기의 기초'입니다. 여기에서는 올바른 한국어 문장과 적절한 문단 쓰기를 설명합니다. 문장 쓰기 부분은 그간 유학생들의 글쓰기에서 자

주 등장하였던 실수를 중심으로 설명해 보았습니다. 유학생들의 실제 사례를 정리해 두었으므로 유학생들이 글쓰기 현장에서 직접 도움을 받을 수 있을 것이며, 다양한 사례를 통해 한국어 글쓰기에서 자주 하는 실수들을 줄일 수 있을 것입니다. 그리고 문단 쓰기 부분은 학술글의 문단을 대상으로 설명하고 있기에 학술글을 구성하는 가장 작은 단위부터 논리적 글쓰기를 연습할 수 있습니다.

제4장은 '여러 가지 글쓰기'로서 실제 대학에서 주로 쓰는 텍스트들을 설명합니다. 여기에는 실용적 글쓰기, 논리적 글쓰기, 성찰적 글쓰기, 학술적 글쓰기, 그리고 말하기와 글쓰기가 있습니다. 각각의 글쓰기에는 다양한 연습 문제도 있어서 유학생들이 비교적 수월하게 해당 글쓰기를 익힐 수 있도록 구성하였습니다.

이 책의 마지막에는 '부록'이 있습니다. 부록의 첫 부분에는 유학생들이 글쓰기를 할 때 만나게 되는 필수 한국어 어휘를 모아 두었습니다. 유학생 글쓰기 수업을 하다 보면 강의에 자주 등장하지만, 유학생들이 정확한 의미나 용법을 모르는 어휘가 적지 않습니다. 이에 이 책에 고빈도로 등장하거나 중요하다고 판단한 어휘들을 선별하여 실제 예문과 함께 부록으로 제시하였습니다. 그리고 부록의 뒷부분에 연습 문제의 정답과 해설을 덧붙여서 교수자와 유학생들이 도움을 받을 수 있도록 안배하였습니다.

이 책은 교수자의 선택에 따라 자유롭게 가르칠 수 있도록 구성하였습니다. 이 책에는 네 개의 장이 있어서 이를 순서대로 강의해도 되지만, 필요에 따라 특정 부분만 선택하여 활용해도 좋습니다. 가령, 글쓰기 윤리에서는 표절 외에도 다양한 사례가 등장하므로 이를 선별하여 강의할 수 있으며, 여러 가지 글쓰기에서는 학술글 외에도 여러 유형의 글이 등장하므로 교과과정에 맞는 글쓰기를 골라서 강의할 수도 있습니다.

이 책에서는 실용적 글쓰기, 성찰적 글쓰기, 학술적 글쓰기 등 대학에서 요구하는 대부분의 글쓰기를 다루고자 하였습니다. 따라서 유학생이 이 책의 글쓰기 유형에 익숙해진다면, 대학에서 행하는 어떠한 글쓰기에도 자신 있게 임할 수 있을 것입니다. 유학생들이 이 책을 통해 한국어 글쓰기에 대한 두려움을 극복하는 것은 물론, 자기 생각을 명확하고 설득력 있게 표현할 수 있게 되기를 바랍니다.

2025년 6월

저자

차례

chapter 03

글쓰기, 기초를 다져보자! 49

chapter 04

다양한 글쓰기를 해보자! 79

chapter

01

글쓰기, 왜 중요할까?

chapter 01
글쓰기, 왜 중요할까?

많은 사람들은 '글쓰기'를 힘들고 괴로운 과정이라고 생각한다. 대학생들도 부담감으로 인해 글쓰기를 피하고 싶어 하고, 수업을 듣는 동안 어쩔 수 없이 견뎌야 할 것으로 여기기도 한다. 특히 유학생들은 한국어를 배우는 과정에서 글쓰기를 가장 까다로운 것으로 느낀다.

분명 글쓰기는 어려운 일이다. 그러나 현실에서 글쓰기는 피할 수 없는 것이기도 하다. 대학 생활 동안과 그 이후의 생활에서도 자주 글쓰기를 마주해야 하는 것이 현실이다. 또한 인간은 아무리 어려운 일, 하기 싫은 일이라도 그 일에서 의미를 발견한다면, 기꺼이 그 일을 하기도 한다. 그렇다면 글쓰기는 과연 의미 있는 행위인가. 글쓰기가 가치 있는 활동이라면 그 의미와 목적은 무엇인가. 먼저 글쓰기의 의미, 필요, 목적에 대해 생각해 보자.

1. 글쓰기와 말하기, 그 연결고리를 찾아보자

현대인들은 전 세계에서 동시다발적으로 일어나는 사건들을 아주 빠르게 접하며 살아간다. 세계가 가까워진 만큼 우리에게 전달되는 정보들도 다양한 얼굴을 하고 있다. 현대 사회를 살아가는 우리는 많은 정보에 노출되어 있는 것이다. 많은 미디어를 통해 전달되는 정보들은 사고의 과정을 통해 분류, 정리, 이해되어 우리 안에 지식으로 쌓인다. 그러나 아무리 지식이나 생각이 많다고 해도 표현되지 않으면 그것은 없는 것과 같다. 인간은 사회 속에서 소통하면서 함께 살아가기 때문이다.

사회적 존재인 인간은 서로의 생각을 나누면서 지식의 크기를 키우고 그 지식을 다음 세대에 전달하면서 사회를 발전시켜 왔다. 여러 사람들이 함께 살아가는 사회에서 자기 생각을 표현하고, 타인과 소통하기 위해 인간은 언어를 사용한다. 인간이 사용하는 언어에는 크게 두 가지가 있다. 그것은 말하기와 글쓰기이다.

그러면 말하기와 글쓰기는 무엇이 다른가? 말하기는 시공간의 제약을 받는 경우가 많지만, 글쓰기는 시공간의 제약에서 자유롭다는 차이가 있다. 즉, 말은 지금 · 여기에 함께 머무는 사람들 사이에서 발생했다가 시공간이 달라지면 사라진다. 반면에 글은 시공간의 제약을 거의 받지 않으며, 시공간이 달라져도 기록된 내용은 계속 남는다.

물론 현대에는 과학기술이 발전함으로써 말이 오가는 현장을 녹음하거나 녹화할 수 있게 되었으며 그 결과 시공간이 바뀌어도 그 내용을 다시 볼 수 있다. 그러나 오랜 인류 역사 가운데 말하기를 통해 소통된 내용은 시공간의 제약 속에서 시간의 흐름과 공간의 변화를 이겨내기 어려웠다. 그에 반해 글로 남겨진 내용은 아주 오랜 시간과 공간의 변화를 이겨내며, 현재 우리가 있는 이곳에까지 전달되어 우리는 세계의 다양한 곳에서 오래전에 기록된 글을 읽을 수 있다. 이처럼 글은 시공간을 이겨내며 다음 세대에 전달되어 인류의 지식이 축적되는 일과 문명이 발달하는 일에 가장 중요한 역할을 해왔다. 과학기술의 발달로 지식을 전달하는 방법과 지식을 쌓는 다양한 방식이 존재하는 지금도, 글쓰기는 개인과 공동체의 생각과 지식을 정리하고 체계화하여 다음 세대에 전달하는 가장 중요한 도구이다.

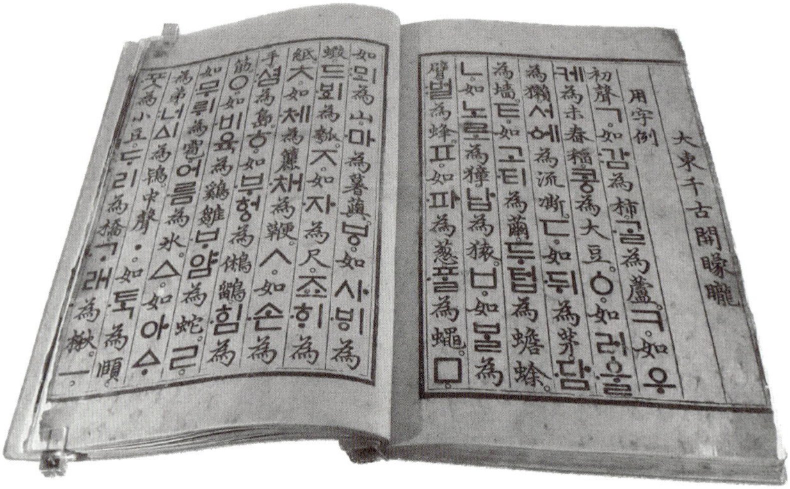

▲ 훈민정음 해례본

세종대왕은 1443년 음력 12월, 28글자의 '훈민정음'을 만들었다. 그리고 글자를 만든 이유와 원리 등을 설명한 해설서를 만들었다. 이 해설이 오랜 시간과 공간의 변화를 지나 지금까지 남아서 우리에게 한글에 대한 지식을 알려준다.[1]

말하기와 글쓰기의 또 다른 중요한 차이는 비언어적 메시지(nonlinguistic message)의 개입이다. 말하기는 비언어적 메시지가 중요하게 개입하는 반면, 글쓰기는 비언어적 메시지의 도움을 받기 어렵다. 말하기의 현장에서는 정확한 단어가 생각나지 않거나, 말을 길게 하지 않아도 손짓, 표정, 목소리 톤 등 비언어적 메시지를 통해 자기 생각을 전달할 수 있다. 한국에서 사람들과 대화할 때 한국말이 잘 생각나지 않아서 보디랭귀지(body language)를 사용하는 것도 이러한 비언어적 메시지를 통해 소통하는 것이다.

그러나 글쓰기에는 비언어적 메시지가 들어가지 않는다. 따라서 글쓰기를 할 때에는 자기 생각을 정확하게 표현하려 노력해야 한다. 즉, 글쓰기는 말하기에서 비언어적 메시지로 전달되는 것까지 모두 글로 써야만 독자들이 그 내용을 온전하게 이해할 수 있다. 그렇기에 글쓰기는 홀로 하는 행위이지만 오히려 곁에 없는 독자를 더 많이 생각하고 배려하는 일이기도 하다. 독자가 이해할 수 있도록 모든 것이 글로 표현되었는지 언제나 생각해야 하기 때문이다.

지금까지의 내용을 정리하면 다음과 같다.

구분	말하기	글쓰기
시공간의 제약	역사적으로 제약받음 현재도 다소 제약이 있음	제약 없음
비언어적 메시지	소통의 과정에서 적극 개입	개입하지 않음

2. 소통하고 생각하는 글쓰기

생각하는 존재이자 사회적 존재인 인간은 함께 살아가며 서로 자기의 지식과 생각을 나누고 소통하며 사회를 이루어 간다. 이렇게 소통은 타인과의 관계 속에서 발생한다. 우리는 '나'라는 관점으로 세상을 이해하고 대응하기에 소통의 과정에서도 '나'가 우선되는 경우가 많다. 글쓰기를 할 때 대부분의 사람들은 홀로 자기 생각을 정리하여 글로 표현하기에, 타인에 대해 잊기 쉽다. 그러나 글쓰기를 통한 소통은 타인 중심의 활동에 가깝다. 글쓰기는 비언어적 메시지의 도움을 받을 수 없고, 현장에서 타인의 반응을 곧바로 확인할 수도 없다. 그러므로 글쓰기를 할 때에는 지속적으로 독자를 생각하면서 독자가 이해할 수 있도록 쓰고 있는가를 스스로 생각해야 한다. 독자가 이해할 수 있는 정보를 충분히 주고 있는가, 독자가 헷갈리지 않게 명확하게 표현했는가, 자기 생각과 객관적 사실을 정확히 구분하여 서술했는가 등의 질문을 스스로에게 해야 하는 것이다.

이러한 의미에서 글쓰기를 통한 소통에서는 '나'가 아니라 '타인'이 중심이 된다. 자기 생각을 아무렇게나 글로 써서는 소통이 되지 않기 때문이다. 타인이 이해할 수 있게 글로 표현하기 위해서는 생각을 정리하고 확정해야 한다. 그리고 자기 생각을 어떤 내용으로 풀어낼 것인가, 어떤 구성으로 전달할 때 가장 효과적인가를 생각해야 한다. 이를 글쓰기의 준비 과정이라고 한다. 이와 같이 글쓰기를 준비하면서 생각하는 과정을 통해 자기 의견과 생각이 명료해지는 경험을 할 수 있다.

또한 글쓰기를 하다 보면, 내면에 뒤엉킨 생각과 감정이 선명하게 정리되기도 한다. 사방에서 쏟아지는 정보 속에서 객관적 사실은 무엇인지, 자기는 무엇을 원하는지, 다양한 이슈에 대한 자기의 관점은 무엇인지 정리하는 계기가 되는 것이다. 따라서 글쓰기를 계속하게 되면, 자기에 대해 더 잘 알게 되면서 자기 자신을 스스로 성찰할 수 있게 된다. 이처럼 글쓰기는 자기 성찰을 통해 더 성숙한 존재가 될 수 있는 기회를 준다.

3. 사라지지 않는 글쓰기의 힘

인류의 문명은 현세대가 윗세대의 지식을 배우고 발전시켜서 다음 세대에 전달하는 일을 반복하면서 계속 발전할 수 있었다. 따라서 지식 전달 수단인 글 읽기와 글쓰기는 인류 역사상 매우 중요한 행위 중 하나였다. 지식 전달과 글쓰기는 긴밀히 연결되어 있기에 글 읽기를 통한 지식 쌓기와 글쓰기는 대학 생활에서 가장 많이 하는 일이다. 물론 생성형 AI의 등장으로 인간이 직접 글쓰기를 하지 않을 수 있는 시대가 가깝게 다가왔지만, 글쓰기는 인간의 사유를 확장하고, 인간의 뇌를 발달시키는 데 중요한 역할을 하므로, 글을 쓰는 행위는 그 자체로 인간의 성장과 발달에 꼭 필요한 일이다.[2)]

유학생들이 가장 자주 하는 과제는 아마도 글쓰기일 것이다. 글쓰기는 학습자가 공부한 지식을 정리하고, 그 내용을 적절히 판단할 수 있는 능력, 즉 논리적인 힘을 길러준다. 생성형 AI의 도움을 받게 된다고 하더라도 본인 스스로 글을 쓸 수 있어야 좋은 글을 선별하는 능력을 갖출 수 있다. 자기 힘으로 글쓰기를 할 수 있어야 생성형 AI의 도움을 더 잘 사용할 수 있으며, 생성형 AI에 완전히 의존한다면 결코 지닐 수 없는 지식의 정리와 적용, 판단 능력을 얻을 수 있다. 따라서 스스로 글을 쓸 수 있는 능력이 있어야 생성형 AI를 활용한다고 해도 더 좋은 결과를 얻을 수 있을 것이다.

대학뿐 아니라 사회에서도 글쓰기 능력은 중요하게 요구된다. 미국의 하버드 졸업생 90%는 학교에서 배운 수업 중 가장 도움이 되었던 것으로 "글쓰기"를 꼽았다고 한다.[3)] 글쓰기를 통해 배울 수 있는 논리적으로 생각하는 방법과 배운 지식을 정리하는 법, 합리적인 판단 능력과 설득 능력 등은 사회생활에서 큰 힘을 발휘하기 때문이다. 이처럼 글쓰기 능력을 갖춘다면, 대학 생활과 대학 이후의 생활을 원활하게 해 나갈 수 있을 것이다. 그러므로 생성형 AI의

도래를 통해 글쓰기를 연습하지 않고도 편리하게 글을 쓰는 방법을 생각하기 보다는 스스로 글을 쓰는 능력을 키우는 것이 꼭 필요하다.

4. 존중하는 글쓰기, 정직한 글쓰기

인간은 사회를 구성하며 함께 살아가기에, 어느 사회나 모든 일에 구성원들이 지켜야 하는 윤리가 있다. 그리고 글쓰기에도 꼭 지켜야 하는 윤리가 있다. 글쓰기의 윤리는 두 가지로 나누어 살펴볼 수 있다. 글쓰기는 타인과의 소통을 전제하는 만큼, 먼저 글쓴이는 타인에 대한 윤리를 지켜야 한다. 현대 사회에서 우리는 글로 소통하는 기회가 많아졌다. 특히 인터넷상에서의 소통은 대체로 글로 이루어지는 경우가 많다. 이때 타인이 눈앞에 보이지 않는다는 이유로 타인에 대해 함부로 글을 쓰거나 왜곡된 정보 등을 전달하고, 비속어 등을 아무렇지 않게 사용하는 일을 조심해야 한다. 이른바 '악플' 등이 사회에 미치는 부정적인 영향을 생각할 때 이는 익명의 글쓰기 현장이라 하더라도 개개인이 꼭 지켜야 하는 윤리라고 볼 수 있다.

또한 글쓰기에서 아무리 강조해도 지나치지 않은 것은 '표절하지 않아야 한다'는 것이다. 타인의 글을 무단으로 표절한다는 것은 타인의 소유물을 훔치는 행위와 같다. 따라서 타인의 글을 표절하는 것은 비윤리적인 행위이며, 타인의 글과 생각을 내 글에 활용할 때는 꼭 인용을 해야 한다. 인용한다는 것은 타인의 글을 타인의 것으로 인정하는 것이며, 타인의 글을 통해 내가 공부한 내용을 드러내는 것으로 오히려 권장되는 일이다. 그러므로 타인의 글을 인용함으로써 글을 윤리적으로 올바르게 써야 한다.

5. 대학에서는 어떤 글을 쓸까?

글쓰기는 크게 문학예술로서의 글쓰기와 일반 글쓰기로 나눌 수 있다. 시, 소설, 희곡 등 문학예술로서의 글쓰기는 장르별로 특정한 글쓰기 양식을 가지고 있다. 문학예술로서의 글쓰기를 제외하고, 일반적으로 대학 생활에서 가장 자주 하는 글쓰기는 대체로 다음과 같다.

1) 실용적 글쓰기

실용적 글쓰기는 대학 생활을 하면서, 학생들이 실생활에서 빈번하게 하게 되는 글쓰기이다. 대표적인 것으로 이메일 쓰기나 자기소개서 쓰기 등이 있다.

이메일은 학교생활에 필요한 내용을 묻고 답하는 수단이 되기도 하고, 수업 내용에 관한 질문을 하기 위해 사용되기도 한다. 또한 필요한 서류나 과제 등을 제출할 때도 널리 활용된다. 그러나 편지를 주고받을 때 지켜야 하는 기본 예의를 잘 모르는 경우, 이메일을 받은 사람에게 좋지 않은 인상을 줄 수 있다. 따라서 교수자나 동료 학생, 행정 담당자들과 소통하기에 유용한 이메일의 기본 요소와 편지쓰기에 필요한 예의를 익힌다면, 대학 생활에 많은 도움을 받을 수 있을 것이다.

또한 자기소개서는 대학 생활뿐 아니라 사회생활에서도 필요한 글쓰기 양식이다. 자기소개서의 기본 양식과 내용에 대해 배운다면, 한국에서 생활하는 동안 여러 도움을 받을 수 있을 것이다.

2) 분석적 글쓰기

분석하는 글쓰기는 과제에서 가장 자주 하게 되는 글쓰기이다. 분석적 글쓰기는 자료를 분석하고 정리한 뒤, 자기 생각과 연결하여 독자를 설득하고자 하는 목적을 지닌다. 이러한 과정을 통해 우리는 적절한 근거를 찾고, 자기 생각을 명확하게 전달하는 연습을 할 수 있다.

3) 성찰적 글쓰기

성찰적 글쓰기는 자기 생각과 감정 등을 돌아보고 성찰하는 기회를 제공한다. 주로 어떠한 텍스트를 읽고 텍스트에 대한 감상을 서술하는 감상문이나 어떠한 사건을 겪은 후, 자신이 경험하고 다짐한 것, 깨달은 것을 서술하는 에세이 형태의 글을 쓰는 경우가 많다. 글쓰기는 타인에게 자기 생각과 지식을 전달하는 방법이 되기도 하지만, 동시에 자기 자신을 바라보고 성찰하는 방법으로 활용되기도 한다. 이렇게 성찰적 글쓰기는 개인을 성숙한 존재가 되도록 돕는다.

4) 학술적 글쓰기

학술적 글쓰기는 특정 주제에 대한 자기주장과 연구 결과를 정리하고 설득력 있게 서술하는 글이다. 학술적 글쓰기를 함으로써 학생들은 주체적인 연구자로서의 면모를 드러낼 수 있다. 대학은 지식을 수용하고 배우는 공간이기도 하지만, 자기가 공부한 지식에 자기 관점과 생각을 더하여 더 풍성한 지식을 생산하는 공간이기도 하다. 대학생들은 대학생이 되기 이전처럼 기존 지식을 받아들이기만 하는 존재가 아니라 주체적으로 지식을 생산하는 존재가 된다. 즉, 우리가 지식을 생산하여 그 결과를 세상에 드러내고 논의하기 위해서는 학술적으로 글을 써야 한다. 따라서 학술글의 기본 양식과 글쓰기 방법을 배우는 것은 대학 생활에서 꼭 필요한 일이다.

5) 말하기를 위한 글쓰기

현재 프레젠테이션 글쓰기는 대학뿐 아니라 사회에서도 널리 행해지고 있다. 즉, 발표(말하기)를 위한 글쓰기와 그 글을 정리하여 프레젠테이션 자료를 만드는 일의 중요성이 점점 커지고 있는 것이다. 발표를 위한 글쓰기와 발표하기를 경험함으로써 프레젠테이션에 능숙해지려면 이 과정을 연습하는 것이 필요하다.

이 책에서는 학생들이 위에서 제시한 여러 글의 형식과 내용을 배우고 익혀 다양한 글을 쓸 수 있도록 돕고자 한다. 더불어 글쓰기를 위한 기초 지식을 함께 배움으로써 완성도 높은 글쓰기를 할 수 있는 기회를 만들고자 한다. 이 책의 내용을 따라 글쓰기를 해 본다면, 유학생들의 한국어 글쓰기 실력도 분명히 더 좋아지리라 생각한다.

chapter

02

글쓰기, 윤리를 지키자!

chapter 02

글쓰기, 윤리를 지키자!

1. 글쓰기 윤리와 AI

1) 글쓰기에서 절대 하면 안 되는 일

인간의 삶에 '윤리'(倫理, ethics)가 있듯이 글쓰기에도 윤리가 있다. 여기서 글쓰기의 윤리란 정직하고 부끄럽지 않게 글을 써야 하며, 모든 글쓰기에 어떠한 부정행위(不正行爲, cheating)도 있어서는 안 된다는 것을 의미한다. 이에 많은 대학과 학술 단체는 '연구윤리 규정'을 마련하여 정직하게 글을 쓰도록 안내하고 있다.

이 연구윤리 규정에서는 실제 연구에서 반드시 피해야 할 행위를 '연구부정행위'라고 이름 붙여 놓고 있다. 일반적으로 연구는 글쓰기를 통해 이루어진다는 사실을 생각해 보면, 결국 연구부정행위란 "글쓰기에서 절대로 해서는 안 되는 행위"로 이해해도 좋다. 여기에 해당하는 것은 '위조, 변조, 부당한 저자 표시, 부당한 중복게재, 표절' 등이다. 아래에서는 〈서울시립대학교 연구

윤리 규정〉을 기준으로 이러한 연구부정행위를 설명해 보겠다.[4)]

1-1. 위조

위조(僞造, Fabrication)란 글을 쓸 때 있지도 않은 자료를 진짜 있는 것처럼 속이는 행위이다. 예를 들어, 글을 쓸 때 가짜로 데이터를 만들어 사용하는 행위, 본래는 없었던 차트나 그래프를 정말 있는 것처럼 만들어서 글에 싣는 행위, 어떤 연구자나 전문가가 하지도 않은 말을 실제로 한 것처럼 속여서 인용하는 행위 등이 여기에 해당한다.

아래에 언급된 사건은 위조의 한 예인데, 이 사건이 왜 위조에 해당하는지 생각해 보자.

> 1992년 8월, 대한민국의 경상남도 통영군 한산도 앞바다에서 '별황자총통'(別黃字銃筒)이 발굴되어 많은 사람들이 관심을 가졌다. 이 유물은 다름 아니라 '임진왜란 때 거북선에서 사용되었던 대포'라고 보고되었기 때문이다. 이 소식은 뉴스를 통해 전 국민에게 알려졌으며, 곧이어 이 유물은 국보로 지정되었다.
>
> 그런데 1996년 6월, 이 유물이 가짜였다는 충격적인 사실이 밝혀졌다. 문제의 총통은 한 골동품상에서 정교하게 만들어진 것이었는데, 해군이 이를 구매하여 한산도 앞바다에 빠뜨렸다가 건져 올린 뒤, 진짜 유물을 발굴한 것처럼 속였던 것이었다. 곧바로 이 총통은 국보에서 취소되었으며, 조작에 가담한 관계자들 역시 책임과 처벌을 피할 수 없었다.

종종 생성형 AI가 자료를 위조하기도 한다. 우리가 생성형 AI에게 자료를 추출해 달라고 하거나 참고문헌 목록을 달라고 할 때가 있는데, 이때 생성형 AI가 존재하지 않는 논저를 만들어서 보여주기도 한다는 것이다. 이러한 행위도 실제로 없는 자료를 있다고 속이는 것이므로 위조에 해당한다.

ChatGPT 4o ∨ 공유하기

저기 위에 실제로 존재하는 책 두 권 말고, 요약하기에 관한 추천서가 더 있어? 다섯 권 정도 더 추천해 봐. 이번엔 다 존재하는 책들로만 추천해 줘.

다음은 요약하기와 관련된 실제로 존재하는 책들 중 다섯 권을 추천합니다. 이 책들은 읽기 전략과 글쓰기 기법을 다루며, 요약하기와 핵심 정리 능력을 향상시키는 데 도움을 줄 수 있는 책들입니다.

1. **"글쓰기의 전략" (저자: 이희성)**
   - 이 책은 글쓰기의 기본 원리와 전략을 소개하며, 특히 요약과 같은 핵심 정보 추출 및 정리 방법에 대해 잘 설명하고 있습니다.
2. **"비판적 사고와 논리" (저자: 양해림)**
   - 이 책은 비판적 사고의 중요성과 논리적 글쓰기를 다루며, 요약하기와 정보 분석에 필요한 능력을 기르는 데 초점을 맞추고 있습니다.
3. **"사고력과 논술" (저자: 이선희)**
   - 논술을 위한 사고력 훈련을 강조하며, 주어진 텍스트에서 핵심 내용을 추출하고 요약하는 방법을 체계적으로 다루고 있습니다.
4. **"논리적 사고를 위한 읽기와 쓰기" (저자: 구본형)**
   - 읽기와 쓰기 능력을 논리적으로 향상시키기 위한 방법을 제시하며, 요약하기의 기술을 중심으로 글의 핵심을 파악하는 능력을 키워줍니다.
5. **"한 권으로 끝내는 글쓰기" (저자: 이형재)**
   - 다양한 글쓰기 방법과 전략을 소개하며, 요약하기와 같은 글의 핵심을 빠르게 파악하고 정리하는 기술을 쉽게 배울 수 있는 책입니다.

이 책들은 실제로 존재하는 도서들로, 요약하기와 관련된 다양한 전략을 학습할 수 있습니다.

위 다섯 권 중에서 진짜 있는 책은 뭐야

웹 찾아보는 중...∨

제가 추천한 다섯 권 중 **존재하는 책은 없습니다**. 잘못된 정보를 드린 점 사과드립니다. 올바른 추천서를 원하시면 다시 안내드릴 수 있으니, 구체적으로 찾으시는 내용에 대해 알려주시면 맞춤 추천을 드리겠습니다.

↓

▲ 챗-GPT가 자료를 위조한 예시(4o 버전 기준)

1-2. 변조

변조(變造, Falsification)란 글을 쓸 때 사용하는 자료를 조작하는 행위이다. 여기서 '조작'이란 자료를 마음대로 바꾸거나 지우는 것을 의미한다. 가령, 글을 쓸 때 자기에게 불리한 자료를 슬쩍 지우는 행위, 자기에게 유리하게 차트의 숫자를 고치거나 그래프의 높낮이나 방향을 바꾸는 행위, 어떤 연구자나 전문가의 말을 자기의 입맛에 맞게 바꾸어 인용하는 행위 등이 여기에 해당한다.

아래에 언급된 사건은 변조의 한 예인데, 이 사건이 왜 변조에 해당하는지 생각해 보자.

미국 테라노스(Theranos)사의 CEO였던 엘리자베스 홈즈(Elizabeth Holmes)는 2014년 진단 키트 '에디슨'을 발표하여 전 미국의 주목을 받았다. 에디슨은 몇 방울의 혈액만으로 수백 개의 질병을 가려낼 수 있는 혁신적 도구였기 때문이다. 에디슨 발표 이후 테라노스사의 가치는 급등했으며, 홈즈 역시 어마어마한 명성과 재산을 얻게 되었다.

그런데 2015년 미국의 '월스트리트 저널'(The Wall Street Journal)은 에디슨에 관한 놀라운 사실을 폭로했다. 에디슨은 실제로 열 개 정도의 질병만 진단할 수 있는 기기에 불과했다는 것이다. 더불어 에디슨을 만들기 위한 테라노스사의 실험 과정에도 적지 않은 문제가 있었는데, 홈즈가 이를 조작하거나 은폐하여 에디슨을 출시했다는 사실까지 드러났다. 결국 홈즈는 사기를 비롯한 각종 혐의로 조사받은 뒤 감옥에 갔으며, 테라노스사는 그대로 문을 닫게 되었다.

1-3. 부당한 저자 표시

부당한 저자 표시(Unethical authorship)란 글을 쓴 사람인 저자를 올바르게 표시하지 않는 행위이다. 어떤 글을 쓴 사람이 그 글의 저자로 표시되는 것이

당연한 일이다. 그렇지만 이렇게 당연한 일이 제대로 지켜지지 않는 경우도 있다. 예를 들어, 글을 작성하는 데에 어떠한 도움도 주지 않은 사람을 저자로 올리거나, 실제로 글을 쓴 사람을 저자에서 제외하는 행위가 여기에 해당한다.

아래에 언급된 사건은 부당한 저자 표시의 한 예인데, 이 사건이 왜 부당한 저자 표시에 해당하는지 생각해 보자.

> 연구자 아르미는 최근 유명한 학술지에 한 편의 논문을 발표하였다. 이 논문은 기존의 연구를 잘 정리한 것은 물론, 새로운 이론과 최근 데이터까지 정밀하게 아우른 것으로 평가받았다.
>
> 그런데 아르미가 논문을 수정하던 중 자기 선배인 다르미 교수로부터 연락을 받았다. 다르미는 아르미가 쓴 논문에 자기의 논문이 주석으로 인용되어 있음을 보고, 자기를 공동 저자로 올려달라고 부탁하였다. 다르미가 실제로 아르미의 논문을 쓰는 데 도움을 준 일은 전혀 없었지만, 아르미는 선배의 부탁을 거절하기 어려워서 다르미를 논문의 공동 저자로 올릴 수밖에 없었다.

1-4. 부당한 중복게재

부당한 중복게재(Unethical duplicate publication)란 어딘가에 이미 발표한 글을 다른 곳에 다시 발표하여 이득을 얻는 행위이다. 이미 다른 학술지에 발표하여 게재된 학술논문을 다른 학술지에 투고하여 연구 실적으로 인정받는 경우가 대표적 사례이다. 이것이 잘못인 이유는 바로 이미 발표된 연구를 마치 새로운 연구인 것처럼 속였다는 데에 있다. 학계에서는 언제나 새로운 것을 연구하여 발표한다는 약속이 있기 때문이다.

아래에 언급된 사건은 부당한 중복게재의 한 예인데, 이 사건이 왜 부당한 중복게재에 해당하는지 생각해 보자.

연구자 다르미는 20××년에 박사학위논문을 쓰고 박사학위를 받았다. 그로부터 몇 년 뒤, 다르미는 ○○학술지에 논문 한 편을, □□학술지에 또 다른 논문 한 편을 발표하였다. 그리고 이 두 편의 논문은 다르미의 연구 실적으로 인정되어 다르미가 대학교수가 되는 데 많은 도움이 되었다.

그런데 이 두 편의 논문이 다르미의 박사학위논문을 거의 그대로 가지고 온 것이라는 사실이 뒤늦게 밝혀지면서, 대학을 비롯한 학계에서는 적지 않은 논란이 일었다.

1-5. 표절

표절(剽竊, plagiarism)이란 다른 사람의 독창적 생각을 자기 생각으로 둔갑시키는 행위이다. 즉, 다른 사람의 아이디어를 마치 자기 것으로 속이는 행위가 바로 표절이다. 다른 사람의 생각을 자기가 활용하려면 보통 '인용'을 해야 한다.[5] 다시 말해 다른 사람의 글을 활용할 때는 그 글이 다른 사람의 글이라는 사실을 분명하고 밝히고, 그 출처를 적확하게 표시해야 한다는 뜻이다. 그러한 표시 없이 다른 사람의 글을 가지고 오는 행위는 도둑질과 다르지 않다.

① 표절이 나타나는 이유

보통 대학교 1학년생 글에서 이러한 표절이 자주 발견되는데, 여기에는 다음과 같은 몇 가지 이유가 있다.

첫째, 대학교 입학 전부터 학생들이 글쓰기의 윤리를 체계적으로 배워야 하는데 그렇지 못했기 때문이다. 대학교에서 글쓰기 윤리를 잘 지키기 위해서는 그 이전부터 글쓰기 윤리를 잘 배워야 하는데 현실은 그렇지 않다. 설령 고등학생이나 예비 대학생이 글쓰기의 윤리를 배웠다고 하더라도 '출처를 남기는 방법'을 옳게 배우지 않았다는 점도 문제이다. 다른 사람의 글을 활용할 때는 반드시 그 출처를 남겨야 하는데, 그 방법을 잘 모르는 것이다. 또한 참고문헌으로만 출처를 밝히고 주석으로는 출처를 하나도 밝히지 않는 것도 문제이다. 본인이 쓴 글에 다른 사람의 글을 활용했다면 그 부분에는 주석으로 직접 출처를 표시해야 한다. 그래야 본인이 쓴 글과 다른 사람의 글을 구분할 수 있다.

둘째, 대학생이라면 '수준 높은 글'을 써야 한다는 생각 때문이다. 여기서 말하는 '수준 높은 글'이란 복잡한 개념이나 용어, 어려운 분석이나 논리 과정이 포함된 글을 뜻한다. 전문가가 쓴 글이 여기에 해당한다. 그런데 전공 기초도 충분하지 않은 대학생이 전문가 글을 출처 없이 가져다 쓰는 경우가 매우 많다. 이것은 자기 글의 수준을 높게 보이기 위함이다. 그러나 대학에서 1학년 학생에게 요구하는 것은 '전문가 수준의 글'이 아니다. 대학은 어디까지나 대학교 1학년 수준에 걸맞은 글을 가르치고 이를 평가한다.

셋째, 출처를 남기는 것이 곧 자기의 부족함을 드러내는 것으로 생각되기 때문이다. 물론 대학생은 '전공'이 있기 때문에 자기 전공을 잘 알고 있어야 한다. 또한 대학생이 고등학생 때보다는 더욱 넓고 발전된 시야를 가져야 한다는 점도 사실이다. 그렇지만 대학생이라고 하여 모든 것을 알 수는 없다. 특히나 대학교에 막 들어온 1학년은 더욱 그러하다. 대학이 대학교 1학년에게 기대하는 부분은 전공 기초를 닦아 나가는 과정이다. 따라서 대학생이 글쓰기에서 다른 사람의 글을 이용하고 출처를 남기는 것은 결코 부끄러운 일이 아니다.

넷째, 다른 사람의 글을 읽고 얻은 지식을 자기가 처음부터 가지고 있었던 생각이라고 착각하기 때문이다. 물론 우리는 공부를 위해서 책이나 논문에서 새로운 지식, 이론, 개념을 얻어야 한다. 그렇지만 그렇게 얻는 지식, 이론, 개념은 결코 본인이 가지고 있던 것이 아니다. 따라서 다른 사람의 생각을 활용하려면 출처를 적음으로써 그것이 자기 것이 아니라는 사실을 밝혀야 한다. 한편, 이렇게 다른 사람의 지식, 이론, 개념을 읽고 나서, 본인도 다른 사람과 똑같이 생각하게 되었으므로 그 생각을 출처 표기 없이 써도 된다고 보는 경우도 많은데, 전혀 그렇지 않다. 출처를 밝히지 않으면 이것도 표절이다. 설령 다른 사람의 생각과 자기 생각이 같다고 하더라도 다른 사람이 글이 먼저 출판되거나 발표되었다면, 이를 존중하여 다른 사람의 생각임을 밝혀야 한다.

② 표절하지 않는 방법

이번에는 표절하지 않는 방법을 살펴보겠다. 표절하지 않는 방법은 표절을 판단하는 기준과 관련된다. 다른 사람의 글을 이용했을 때, 그것이 표절이냐 아니냐를 가르는 기준은 대체로 다음의 두 가지이다.

- 다른 사람의 글이라는 출처를 해당 부분에 정확하게 밝혔는가?
- 다른 사람의 글이 자기 글에서 차지하는 비중이 너무 크지 않은가?

첫 번째 질문은 글쓰기 윤리의 기본이자 상식 중 하나이다. 어떤 사람이 다른 사람의 글을 참고하여 자기 글에 썼다면, 그 부분은 결코 자기 것이라 할 수 없다. 예를 들어, 인터넷 기사이든, 학교 교재이든, 학과 교수나 다른 연구자의 생각이든, 책에서 본 내용이든 간에 본인이 처음 접하는 내용은 자기가 처음부터 가지고 있었던 지식이 아니므로 타인의 생각에 해당한다.

이처럼 다른 사람의 생각과 자기의 생각은 반드시 구분되어야 하며, 타인의 생각에 출처를 표시함으로써 다른 사람과 자기 생각을 구분해야 한다. 예를 들어 학생이 신문 기자의 기사 내용이나 연구자의 논저를 참고하여 글을 쓴다면, 반드시 참고한 부분에 그 기자나 연구자의 이름, 글 제목, 글의 출판/발표 날짜 등을 주석으로 표시하여 출처를 밝혀야 한다.[6)]

다만 일반 지식을 언급하는 행위는 표절이 아니다. 예컨대, "대한민국의 수도는 서울이다"와 같은 일반 상식, "태양은 지구의 동쪽에서 뜨고 서쪽에서

진다"와 같은 과학 상식처럼 지극히 당연하거나 해당 학계에서 이미 널리 알려진 사실에는 굳이 출처를 밝힐 필요가 없다.

한편, 의외로 두 번째 질문에 관한 내용을 잘 모르는 대학생이 많은데, 이 내용도 표절이냐 아니냐를 가르는 중요한 기준이다. 즉 인용하더라도 인용된 글이 자기가 직접 쓴 글보다 많으면 안 된다는 뜻이다. 이와 관련하여 아래 상황은 표절인지 아닌지 판단해 보자.

아르미는 2,000자 정도의 보고서를 썼는데, 그중 1,700자가 다른 사람의 글을 인용한 것이다. 아르미는 인용한 부분에 출처를 표시하였다.

유감스럽지만 위 상황은 표절이다. 아르미가 쓴 글 대부분이 다른 사람의 글이며, 실제로 아르미가 쓴 글은 극히 일부분에 지나지 않았기 때문이다. 이처럼 다른 사람의 글이 자기 글에서 상당한 비중을 차지한다면, 출처 표시와 무관하게 이는 표절에 해당한다.

즉, 표절을 피하려면 다른 사람의 글을 이용할 때 그 출처를 정확하게 밝혀야 하며, 그 비중이 과하지 않아야 한다.

연습문제 ▷

다음은 대학교 수업 시간에 실제로 발생한 글쓰기 사례이다. 다음 글쓰기에서 문제가 있는 것은 무엇인지, 그리고 구체적으로 어떠한 문제가 있는지 말해 보자.

A. 다르미는 총 세 개의 문단으로 된 아르미 글에서 두 번째 문단을 인용 없이 그대로 활용하였다.
B. 다르미는 아르미 글을 읽다가 자기 생각과 아르미 생각이 정확히 일치함을 깨닫고, 아르미의 표현을 자기가 사용하였다.
C. 다르미는 아르미 책을 인용하고, 이를 각주로 밝혔다. 아르미 글은 널리 알려진 것이라서 다르미는 각주에 책 제목만 남겼다.
D. 다르미는 별다른 표시 없이 아르미 글의 특정 부분을 인용하였다. 해당 부분은 교과서에 등장할 정도로 널리 알려진 개념이었다.
E. 다르미는 총 다섯 문단의 글을 작성하였다. 그중 두 번째와 세 번째 문단은 챗-GPT로 쓴 것이었지만 다르미는 이 사실을 밝히지 않았다.
F. 다르미는 총 다섯 문단의 글을 작성하였다. 그중 세 번째 문단은 아르미 책을 적극 참고하여 쓴 것이었다. 다르미는 이를 참고문헌으로 밝혀두었다.
G. 다르미는 두 개의 문단으로 된 글을 썼는데, 그중 두 번째 문단이 아르미 논문을 인용한 것이었다. 다르미는 두 번째 문단 끝에 인용 표시를 하였으며 이를 참고문헌으로도 나타냈다.
H. 다르미는 ㅇㅇ교과목에 기말 과제물을 제출하여 좋은 성적을 받았다. 다르미는 다음 학기에 ㅁㅁ교과목을 들으면서, ㅇㅇ교과목에서 좋은 성적을 받았던 기말 과제물을 다시 제출하여 학점을 받았다.

2) 생성형 AI, 정말 써도 되는 걸까?

최근 생성형 AI라는 것이 사회 전반에서 매우 중요한 개념으로 떠올랐다. 생성형 AI란 다양한 콘텐츠를 생산할 수 있는 인공지능으로서, 여기서 다양한 콘텐츠란 텍스트나 이미지, 오디오 등은 물론 동영상까지를 포함한다.

OpenAI의 챗-GPT가 본격적으로 서비스를 시작한 2021년 이후부터 생성형 AI는 사실상 콘텐츠 제작 전반에 관여하는 혁신적 도구로 자리 잡게 되었다. 2025년 현재, 챗-GPT(Chat-GPT, 오픈AI), 코파일럿(Copilot, 마이크로소프트), 제미나이(Gemini, 구글), 클로드(Claude, 앤스로픽) 등 여러 생성형 AI가 개발되어 있으며, 이미 많은 사람들은 이러한 생성형 AI를 다양한 콘텐츠 제작에 활용하고 있다.

이 생성형 AI는 대학생에게도 아주 매력적 도구이다. 대학교 과제물은 텍스트로 작성하여 제출해야 하는 경우가 많은데, 생성형 AI가 그러한 과제를 잘(?) 해결해 주는 것처럼 보이기 때문이다. 미국에서 챗-GPT가 발표된 이후부터, 미국의 많은 학생들이 이 챗-GPT로 과제를 작성하기 시작하였다는 것은 결코 우연이 아니다.

생성형 AI는 한국에서 유학하는 외국인에게도 매우 유용한 도구이다. 과제물 작성은 물론, 외국어를 한국어로 바꾸어 주는 번역까지도 깔끔하게 해결해 주기 때문이다. 때에 따라서 수업 내용을 요약하거나 정리해 주는 것은 물론, 예상 시험 문제까지도 만들어 주므로 유학생으로서는 이러한 생성형 AI의 매력을 거부하기 힘들다. 이것은 글쓰기에서도 마찬가지이다. 과연 글쓰기 수업에서 유학생이 생성형 AI를 사용하여 글을 쓰는 것은 어떻게 보아야 하는가?

주목할 점은, 최근 학교 과제를 비롯한 여러 글쓰기에서 생성형 AI 사용을 금하는 나라가 생기기 시작했다는 점이다. 여기에는 여러 가지 이유가 있으나, 가장 중요한 이유는 생성형 AI가 쓴 과제물을 학생이 전적으로 직접 작성한 것이라 보기 어렵다는 점이다. 글쓰기란 여러 과정을 거쳐 만들어지는데, 이러한 과정을 학생 본인이 아니라 생성형 AI가 한다면 이는 학생이 직접 쓴 글이라 볼 수 없기 때문이다. 이것은 유학생 글쓰기에도 그대로 적용되는 것이다. 글쓰기는 필자 본인이 직접 하는 것이지, 그 과정 전체나 일부를 다른 존재에게 맡겨서 쓰는 것이 아니다.

이 외에도 글쓰기에서 생성형 AI를 금지해야 하는 이유가 몇 가지 더 있는데, 아래에서 하나씩 살펴보자.

첫째, 생성형 AI를 쓰면 우리가 능동적으로 생각하고 탐구하는 과정을 온전히 학습하기 어렵기 때문이다. 글쓰기는 여러 과정으로 이루어지는데, 이 과정은 사람의 사고 과정과 매우 비슷하다. 주제를 찾거나, 자료를 어떻게 구할지, 또는 모은 자료를 어떻게 정리하고 나열할지, 혹은 글의 구성을 어떻게 하는 것이 효과적일지 등은 모두 글쓴이가 생각에 따라 결정된다. 다시 말해 글쓰기는 어떤 텍스트 작성만을 뜻하는 것이 아니라, 주제 선정, 자료 검색과 정리, 문장과 문단의 구성 모두를 포함하는 과정이다. 따라서 글쓰기란 이러한 글쓰기 각 과정에 익숙해지는 것이기도 하다. 생성형 AI를 쓰면 이러한 과정 전체 혹은 일부가 통째로 생략되므로 결국 글쓰기에 포함된 각각의 사고 과정을 효과적으로 발전시키기 어렵다.

둘째, 생성형 AI로 글을 쓰더라도, 그 결과물이 좋은지 나쁜지 판단은 결국 인간이 해야 하기 때문이다. 글을 잘 쓰는 사람만이 글을 제대로 평가할 수 있다. 글을 잘 쓰는 사람이란 다름 아닌 글쓰기 전 과정을 잘 아는 사람을 뜻한다. 글을 쓸 때는 주제가 합리적인지, 문장이나 문단이 잘 구성되었는지, 논증이 효과적으로 이루어졌는지, 자료가 적합한지 등, 글쓰기 모든 과정을 고려해야 한다. 그런데 글을 스스로 써 본 적이 없는 사람은 생성형 AI가 써준 글의 주제, 문장, 문단, 논증, 자료가 적절한지를 판단하기 어렵다. 생성형 AI라고 해서 사용자가 언제나 100% 만족할 만한 글을 써주지 않는다.

셋째, 생성형 AI는 거짓을 말할 수 있기 때문이다. 많은 사용자는 '생성형 AI가 오류가 없는 검색기'라는 오해를 한다. 생성형 AI는 검색기가 아니라 인간의 추론 과정을 보여주는 도구에 가까우므로, 생성형 AI가 만든 글에는 거짓이 포함될 가능성이 있다. 만약 그러한 거짓을 걸러내지 못하면 거짓이 포함된 글은 사람들 사이에서 믿음을 잃게 될 가능성이 높고, 그 글을 쓴 필자 역시 필자로서의 역량이나 신뢰성에 타격을 입게 된다. 따라서 생성형 AI의 거짓을 걸러내는 능력이 부족하거나 아예 없다면, 글쓰기에 생성형 AI를 사용하지 않을 것을 권한다.

넷째, 생성형 AI로 한국어 글쓰기를 시작하면 유학생의 한국어 말하기 능력도 발전하기 어렵기 때문이다. 언어는 듣기, 말하기, 읽기, 쓰기 등 네 가지 영역으로 나뉘는데, 이 중에서 쓰기와 말하기는 여러 가지 면에서 매우 비슷하다. 쓰기와 말하기는 각각 '글'과 '말'이라는 점만 다를 뿐, '무엇인가를 생각하여 표현한다'는 점에서는 완전히 동일하다. 글쓰기와 말하기 능력에는 일정한 상관관계가 있다는 점을 고려하면, 유학생은 본인의 한국어 능력 향상을 위해서라도 생성형 AI를 사용하지 않는 것이 좋다.

다섯째, 대학 안에서나 혹은 대학을 졸업한 이후에라도 생성형 AI를 사용할 수 없는 곳에서 글을 써야 하는 상황이 있기 때문이다. 대학의 모든 글쓰기에서 생성형 AI를 쓸 수 있는 것은 아니다. 수업 도중에 질문지나 발표지를 만들어서 말할 때, 시험에서 서술형으로 답할 때, 자필로 글을 쓸 때 등 여전히 현장에는 생성형 AI를 쓸 수 없는 경우가 많다. 이런 경우에는 본인의 글쓰기 능력만으로 글을 써야 한다.

그렇다고 생성형 AI의 사용을 완전히 금지할 수는 없을 것이다. 생성형 AI가 계속 발전하며 그것의 사용 범위가 지속적으로 확대되는 현상은 거스를 수 없는 대세이다. 이미 특정 전공이나 분야에서는 생성형 AI의 도움 없이는 일을 온전히 수행할 수 없을 정도가 되었다.

그렇지만 적어도 대학교 1학년 글쓰기 수업에서만큼은 생성형 AI를 사용하지 않는 것을 권한다. 글쓰기에도 생성형 AI를 활용할 시기는, 그래도 글쓰기에 어느 정도 익숙해지고 자신감이 생긴 이후이다. 다시 말해 본인이 독자적으로 좋은 글을 쓰는 시기가 되었다고 생각될 때, 바로 그때가 학생들이 생성형 AI를 마음껏 쓸 수 있는 시기일 것이다.

쉬어가기

아래의 고사를 읽어 본 뒤, 1학년 대학 글쓰기에서 생성형 AI를 적극 사용하는 것에 관하여 각자의 생각을 말해 보자.

"한단의 걸음걸이"를 뜻하는 '한단지보'(邯鄲之步)라는 말이 있는데, 이 말은 중국 전국시대에서 기원한 말이다. 전국시대의 조나라 수도가 '한단'(邯鄲)이었는데, 이 한단에 사는 사람들의 걸음걸이가 매우 멋있기로 유명했다. 옆 나라에 살던 한 젊은이가 이 소문을 듣고 한단에 와서 이 걸음걸이를 배우려고 했다. 그러나 그 젊은이는 한단의 걸음걸이를 제대로 배우지 못했고, 자기가 본래 걸어가던 방법도 잊어버리고 말았다. 결국 그는 기어서 자기 나라로 돌아가야만 했다.

2. 정직하게 글을 쓰는 방법

1) 인용, 왜 중요할까?

앞 장에서 살펴본 것처럼, '표절하지 않기'는 글쓰기에서 꼭 지켜야 하는 것이다. 표절을 하지 않으려면 자기 글의 일부를 타인의 글에서 도움받은 것임을 인정하고 밝혀야 한다. 이렇게 타인의 글에서 도움을 받았음을 인정하고, 도움받은 자료를 구체적으로 밝히는 행위를 인용(引用, citation)이라고 한다.

특히 인용은 학술글 쓰기에서 매우 중요한데, 그 이유는 다음과 같다. 첫째, 다른 사람의 글이나 아이디어가 내 것이 아니라는 점을 정확히 밝혀야 하기 때문이다. 다른 사람의 생각을 인정하는 것이야말로 정직한 글쓰기, 윤리적 글쓰기의 기본이라 하겠다. 학문에서는 이러한 윤리가 매우 중요하다. 둘째, 내가 글을 쓰기 위해 얼마나 열심히 자료를 찾고 공부했는지를 보여야 하기 때문이다. 필자가 여러 자료를 읽은 뒤 그 내용을 잘 정리하여 글에 담으면, 독자는 필자의 글이 믿을 만하다고 생각하게 된다. 이처럼 인용은 자기 글의 신뢰도를 높이는 데에도 도움이 된다. 정리하면 인용은 윤리적으로나 전략적으로 글을 쓰기 위해 꼭 필요한 것이다.

인용하는 방법은 학문에 따라 다양하다. 전공별로 인문 계열, 사회 계열, 자연 계열, 공학 계열 등 각 학문 분야에서 주로 사용하는 방법이 다르고, 같은 전공이라 하더라도 학술지마다 요구하는 방식이 다르기도 하다. 따라서 이제 대학 생활을 시작하고 글쓰기의 윤리를 익히는 학생들은 일반적으로 사용되는 인용의 방식을 학습한 후, 이를 전공별로 조금씩 변형하여 활용하는 것이 좋다. 중요한 것은 인용을 한다는 것과 인용에 필요한 정보를 정확하게 정리하는 것이다.

2) 내각주와 외각주, 깔끔하게 쓰는 법

인용의 방식은 다양하지만, 그 가운데 가장 빈번하게 사용되는 인용 방법은 내각주 형태로 참고한 문헌을 표기하는 것이다. 내각주 표기 방법으로는 문장 안에 소괄호 '(　)'를 사용하여 참고한 문헌의 저자와 그 문헌의 연도를 표기하는 것이 가장 일반적이다.

예시 1 ▷

Martha C. Nussbaum(2020)은 "실제로 모든 사회는 혐오와 마찬가지로 수치심을 통해 특정한 집단과 개인을 선택하고, 그들을 '비정상'으로 구별하며 자신이 무엇인지 누구인지에 대해 부끄러워하게 한다."라고 말한다.

예시 2 ▷

자료를 충실하게 반영하고 자료와 주장이 적절하게 연결되기 위해서는 자료를 찾는 능력을 길러야 하므로 오프라인 도서관 이용은 물론 온라인 도서관의 활용법 등을 숙지하여, 자료 찾기와 정리하기에 익숙해져야 한다(박성애 · 김한결, 2024).

위의 두 가지 예는 가장 널리 사용되는 내각주 형태이다. 저자와 글의 출판 연도를 표기하여 저자의 도움을 받았다는 것을 밝히는 것이다. 〈예시1〉처럼 '저자(연도)'의 형식으로 표기하면서, 자연스럽게 문장을 만들 수도 있고, 〈예시2〉처럼 문장을 모두 서술한 후에 '(저자, 연도)'로 표기할 수도 있다. 이 두 가지 중에서 문장을 서술할 때 좀 더 자연스러운 방식을 사용하면 된다. 이때 저자가 서술한 어떤 글을 인용했는지 그 구체적 내용은 독자가 참고문헌에서 정보를 확인하도록 구성한다. 즉, 내각주는 간단하게, 참고문헌은 자세하게 작성해야 한다.

인용의 방식은 직접인용과 간접인용으로 나뉜다. 직접인용은 참고한 저자의 문장을 그대로 가져와 사용하는 것으로, 직접 따온 문장의 시작과 마지막 부분을 큰따옴표(“ ”) 안에 넣어, 해당 문장은 참고한 저자의 것임을 분명하게 밝힌다. 위에 제시한 〈예시1〉의 큰따옴표 안에 들어 있는 부분은 Martha C. Nussbaum의 문장을 그대로 가져왔다는 뜻이 된다.

이에 반해 간접인용은 저자의 문장을 그대로 가져오지 않고, 글쓴이가 자기 문장으로 저자가 말한 내용을 옮겨오는 방식이다. 간접인용은 보통 〈예시2〉의 형태로 나타나는데, 문장에 큰따옴표 표기가 없기에 저자의 글에서 중요한 내용을 인용하고 있으나, 이를 글쓴이가 자신의 문장 형태로 바꾸어 서술했음을 알 수 있다.

쓰고 있는 글에 덧붙여 설명하고 싶은 내용이 있거나 부족한 부분이 있다고 느낄 때 본문의 아래에 외각주를 만들어 보완하는 설명을 할 수 있다. 한글 프로그램(HWP)의 경우 ‘입력 – 주석 – 각주’를 실행시켜, 본문의 맨 아래에 주석을 만드는 방식을 일반적으로 사용한다.

예시 3 ▷ 김한결(2022), 김한결(2019)

(2)는 현행 교과서 중에서 가장 온전하고 정확한 기술을 한 교과서이다. 훈민정음의 중의성이나 언해본과 해례본의 관계를 잘 설명하였으며, 서문과 예의도 정확하게 구분하였다.[9] 훈민정음 해례본 사진을 제시한 몇 안 되는 교과서이기도 하다.[10]

『훈민정음』 자체가 교육과정의 핵심은 아니기 때문에, 『훈민정음』은 대체로 교과서 본문 외의 영역(예: 도움말, 이해마당 등)에서 다루어지는 경우가 많다. 『훈민정음』에 대한 설명은 (3)처럼 교과서의 여러 군데에서 기술되기도 하고, (4)처럼 한 번에 기술되기도 한다.[11]

---

9) (2)의 ①, ②가 본문에서 한꺼번에 다루어지지 않고 도움말 등의 형식을 빌려 따로따로 제시된 것에 대해 의문을 가질 수 있는데, 이는 『훈민정음』이 직접적인 교육의 대상이 아니기 때문이다.

10) 단, 훈민정음 언해본의 출처를 『월인석보』라고 정확하게 명시하지 않은 점은 아쉬운 부분이다. 여기에 대해서는 2.2의 (8) 참조.

11) 뒤에서 다시 보게 되지만, 해당 문헌에 대해서 더 많은 양의 기술을 베푼 교과서라고 하여 『훈민정음』을 온전하고 정확하게 기술하였다고 보기는 어렵다.

▲ 김한결(2022)

체언 수식 부사를 바라보는 시각은 크게 두 가지이다. 하나는 체언 수식 부사를 관형사로 처리하려는 '관형사설'이고, 다른 하나는 체언 수식 부사를 부사로 보되 이를 예외적으로 처리하려는 '부사설'인데,[2] 학계에서는 두 가지 시각이 팽팽히 맞서고 있다.

관형사설을 지지하는 입장은 품사 분류의 간결함을 가장 큰 근거로 삼는다. 일반적으로 관형사는 체언을, 부사는 용언, 체언, 다른 부사를 수식하는 것으로 알려졌는데, 체언을 수식하는 것은 모두 관형사로 돌려 버리면 품사론에서 말하는 수식-피수식 관계가 깔끔하게 해결된다는 것이다. 이는 특정 부사가 체언을 수식할 때와 용언을 수식할 때 의미가 달라지는 현상을 해결할 수 있다는 점을 근거로 삼는다.

---

2) 관형사설, 부사설은 황화상(2009)에서 제시된 용어인데, 체언 수식 부사에 대한 시각을 잘 드러내는 용어로 생각되어 이를 인용하였다.

▲ 김한결(2019)

위의 예시를 보면 본문을 작성한 저자는 자기 글에 덧붙여 설명하고 싶은 내용을 외각주로 서술하고 있다. 외각주는 본문 맨 아래의 여백에 본문에서 나온 순서대로 번호와 함께 생성된다.

3) 참고문헌, 이렇게 정리하자.

참고문헌은 글을 쓰면서 인용한 문헌들을 정리하여 독자가 보고 이해할 수 있게 서술하는 것이다. 다른 사람이 쓴 글을 활용할 때 그것을 인용하는 것이 가장 중요하지만, 인용한 글을 정확하게 정리하는 것도 그에 못지않게 중요하다. 독자는 참고문헌에 정리된 글의 페이지를 확인함으로써 그 자료를 더욱 깊이 이해할 수 있을 뿐더러, 해당 주제와 관련된 다른 글을 손쉽게 확인할 수 있기 때문이다.

참고문헌을 정리하는 방식에는 여러 가지가 있다. 이 책에서는 가장 일반적으로 널리 사용되는 APA 스타일을 배운다.[7] 이를 바탕으로 중요한 정보들을 정리하되, 학문(전공)의 특성에 따라 적절히 변주하여 사용한다.

글쓴이가 인용한 글의 저자와 제목, 출판한 곳, 출판연도 등은 참고문헌을 정리할 때 중요한 정보이므로 꼭 적어야 한다. 위의 정보들을 적을 때는 다음의 내용을 참고한다.

① 저자

저자가 한 명이면 그 저자 이름을 맨 앞에 쓴다. 저자가 여러 명이면 두 명까지는 이름을 나열하되, 세 명부터는 한 명의 이름을 대표로 적고 나머지는 '외'로 표기한다. 저자의 이름은 "성, 이름" 순서로 표기한다. 한국어 이름의 경우 그냥 적되, 외국 저자의 경우 성과 이름 사이에 쉼표(,)를 찍는다.

예1) 김한결

예2) 김한결, 박성애

예3) 김한결 외

예4) Nussbaum, Martha C.

② 출판연도

출판연도는 저자 이름 뒤에 소괄호 '(　)'를 만든 뒤, 그 안에 넣어서 표기한다.

예1) 김연수(2012)

예2) Nussbaum, Martha C.(2020)

③ 글의 제목과 출판한 곳

글의 제목을 적은 후, 그 옆에 출판한 곳을 밝혀 준다. 서양어 문헌의 경우, 이탤릭체로 제목을 쓴다.

예1) 김연수(2012). 원더보이. 문학동네.

예2) Thompson, Andrew R.(1942). *The Anatomy of Drama*. Berkeley.

단행본이라면 지금까지 살펴본 정보는 '판권지'(版權紙, Copyright)에서 찾을 수 있다.

예시 4 ▷ 판권지

유학생을 위한 글쓰기

발행: 2025년 6월 30일
저자: 박ㅇㅇ · 김ㅁㅁ
펴낸이: 김△△
펴낸곳: 도서출판 ㅇㅇ
출판사등록: 2014.00.00. (제2014-00호)
주소: 서울시 ㅇㅇ구 ㅁㅁ로 11
전화: 02-0000-0000
이메일: info@000.com

본 책은 무단 전재와 복제를 금합니다.

일반적으로 판권지는 책의 앞표지 다음 부분이나 맨 뒷부분에 있다. 위의 그림은 판권지 예시인데, 이를 보면 참고문헌을 작성하기 위해 필요한 정보가 거의 다 적혀 있음을 알 수 있다. 저자 이름, 책 제목, 출판연도, 출판한 곳 등을 위의 판권지에서 확인하고, 이를 토대로 참고문헌을 정리할 수 있다.

참고문헌은 참고한 글의 종류에 따라 조금씩 다르게 정리한다. 아래에서는 대학생들이 많이 참고하는 문헌, 곧, 책, 학위논문, 학술논문, 인터넷 자료의 순서로 정리 방법을 알아보기로 한다.

① 단행본

단행본은 일반적으로 출간된 책을 의미한다. 이는 한국어와 외국어 책으로 나눌 수 있으며, 한국어 책은 다시 원래부터 한국어로 쓰인 책과 외국책을 한국어로 번역한 책으로 나눌 수 있다. 번역서라면 번역자 이름도 써주어야 한다.

- 한국어: 저자명(출판연도). 책 제목. 출판한 곳.
- 한국어 번역서: 저자명(출판연도). 책 제목. (번역자명 역). 출판한 곳.
- 외국어: 저자명(출판연도). *책 제목*. 출판한 곳.

  예1) 김연수(2012). 원더보이. 문학동네.

  예2) Nussbaum, Martha C.(2020). 혐오와 수치심. (조계원 역). 민음사.

  예3) Thompson, Andrew R.(1942). *The Anatomy of Drama*. Berkeley.

② 학위논문과 학술논문

논문은 여러 학문의 영역에서 연구자들이 전문 지식을 논하는 학술글을 뜻한다. 논문은 학위논문과 일반 학술논문으로 나눌 수 있다. 학위논문을 인용했을 때는 학위 종류(석사학위논문, 박사학위논문)와 학위를 수여한 학교명을 적어준다. 일반 학술논문을 인용했을 때는 그 논문이 실린 학술지와 권호수를 분명히 밝혀 준다. 단, 외국어 논문의 학술지 제목과 권호수는 이탤릭체로 적는다.

- 학위논문: 저자명(출판연도). 논문 제목. 학교명과 학위명.
- 학술논문: 저자명(출판연도). 논문 제목. 학술지명, 권(호), 논문 시작 페이지-논문 끝 페이지.
- 외국어 학술논문: 저자명(출판연도). 논문 제목. *학술지명, 권(호)*, 논문 시작 페이지-논문 끝 페이지.

예1) 김한결(2019). 체언 수식 부사의 역사적 연구. 서울대학교 박사학위 논문.

예2) 김한결(2022). 국어과 교과서의 『훈민정음』 기술에 대한 검토: 2015 개정 교육과정을 대상으로. 국어교육연구, 78, 115-139.

예3) Doretto, Vitória F.(2022). Breve panorama da produção acadêmica brasileira sobre obras da literatura sul-coreana. *RevLet – Revista Virtual de Letras, Jataí, 14(1)*, 518-539.

③ 인터넷 자료

요즘 많은 대학생들은 온라인 신문이나 잡지를 자주 접하므로, 이를 글에 참고하는 경우가 많다. 온라인 신문과 잡지는 출판된 것이 아니지만 그렇다고 하더라도 자료의 정보는 분명히 밝혀 주어야 한다. 특히 이들 자료는 그 출처가 인터넷인 만큼 인터넷 주소를 적어주는 것이 중요하다.

- 신문이나 잡지의 글: 저자명(연.월.일). 글의 제목. 신문명이나 잡지명. URL

- 외국어 신문이나 잡지의 글: 저자명(연.월.일). 글의 제목, *신문명이나 잡지명*. URL

  예1) 이정호(2024.11.3). 개구리가 경고하는 기후 위기. 경향신문. https://www.khan.co.kr/article/202411032107015

  예2) Gelles, David(2024.9.25). Confronting Our New Reality. *The Newyork Times*. https://www.nytimes.com/2024/09/25/climate/climate-change-environment-planet.html

④ 참고문헌 정리 순서

참고문헌의 전체 문서에 번호를 붙여서 다음 순서대로 정리한다.

- 한글로 작성된 문서를 저자 이름의 가나다 순서로 정리한다.
- 서양 언어로 작성된 문서를 저자 이름의 알파벳 순서로 정리한다.
- 기타 외국 문헌은 저자 이름의 각 나라별 알파벳의 순서대로 정리한다.
- 같은 필자가 쓴 문헌은 출간 연도 순서로 정리한다.
- 인터넷 자료를 정리한다.

예시 5 ▷ 참고문헌 예시

1. 김연수(2012). 원더보이. 문학동네.
2. 김한결(2019). 체언 수식 부사의 역사적 연구. 서울대학교 박사학위논문.
3. 김한결(2022). 국어과 교과서의 『훈민정음』 기술에 대한 검토: 2015 개정 교육과정을 대상으로. 국어교육연구, 78, 115-139.
4. Nussbaum, Martha C.(2020). 혐오와 수치심. (조계원 역). 민음사.
5. Doretto, Vitória F.(2022). Breve panorama da produção acadêmica brasileira sobre obras da literatura sul-coreana. *RevLet - Revista Virtual de Letras, Jataí, 14(1)*, 518-539.
6. Thompson, Andrew R.(1942). *The Anatomy of Drama*. Berkeley.

7. 이정호(2024.11.3). 개구리가 경고하는 기후 위기. 경향신문. https://www.khan.co.kr/article/202411032107015
8. Gelles, David(2024.9.25). Confronting Our New Reality. *The Newyork Times*. https://www.nytimes.com/2024/09/25/climate/climate-change-environment-planet.html

⑤ 기타

더 자세한 사항은 카피킬러에서 제공하는 출처표기법 안내를 참고할 수 있다. (https://citation.sawoo.com/ref/guide/apa)

연습문제

A. 〈보기 1〉의 빈칸에 들어갈 수 있도록 〈보기 2〉를 요약하여 인용해 봅시다.

〈보기 1〉

평소에 우리 몸을 건강하게 관리할 수 있는 운동은 무엇일까? 가장 손쉬운 운동은 바로 계단 오르기와 아침 산책이다. 첫째, 계단 오르기는 일정한 간격을 두고 꾸준하게 계단을 올라가는 것으로서, 매우 효과적인 유산소 운동으로 알려져 있다. ㅇㅇ연구소에 따르면, 매일 10분간 계단을 오를 때마다 ㅁㅁ칼로리를 소모할 수 있다고 한다. 둘째, 아침 산책 역시 건강 관리에 많은 도움이 된다.

____

____

____

〈보기 2〉

아침에 하는 가벼운 산책은 인간의 정신을 건강하게 하는 데 도움이 되는데, 이것은 특히 '세로토닌'이라는 호르몬 덕분이다. 세로토닌은 아침 운동을 통해서 활성화되며, 이것은 사람에게 상쾌함과 행복감을 준다. 또한 아침 산책은 우리의 신체를 건강하게 만들기 위해서라도 필요하다. 아침에 햇빛을 15분 정도 쬐는 것만으로도 뼈를 건강하게 만드는 비타민 D를 충분히 얻을 수 있기 때문이다.

홍길동(2018). 아침 산책이 건강에 미치는 영향. ㅇㅇ학회, 4(2), 3-4.

B. 다음 자료를 참고문헌 정리 방식에 따라 정리해 봅시다.*

〈자료 1〉
웹툰으로 세상 읽기

1판 1쇄 발행 2024년 3월 1일
1판 3쇄 발행 2025년 9월 10일
지은이 박성애, 김한결
출판사 페이트
주소 서울특별시 종로구
전화 02-000-0000
ISBN 123-45-12345-67-8(67890)

〈자료 2〉
기억의 언어

1판 1쇄 발행 2023년 3월 15일
1판 4쇄 발행 2024년 7월 2일
지은이 엘리자 노턴
번역자 윤해인
해제 남하린
출판사 오송출판사
주소 경기도 파주시
전화 031-000-0000
ISBN 978-89-76543-21-7 (67890)

〈자료 3〉

Copyright © 2025

The Memory of Light

Author Names: Harper, Daniel

Description: First edition.

London: Solis, 2025

Includes bibliographical references and index.

ISBN 9781234567890 (hardcover)

〈자료 4〉

Title: Microbial Dye Conversion in Wastewater

Author: Morgan Taylor

Publishing Institution: Department of Environmental Biotechnology

Journal Title: Green Chemistry Letters

Volume and Issue: Vol. 42 No. 3

Publication Year: 2023

Language: English

Indexing Information: SCI; SCIE; SCOPUS

Pages: 215-223

〈자료 5〉

Title: Learning Bias in Small Language Models

Author: Ethan Cole

Publishing Institution: Center for Artificial Intelligence Research

Journal Title: AI Review

Volume and Issue: Vol. 11 No. 1

Publication Year: 2025

Language: English

Indexing Information: SCI; SCOPUS

Pages: 55-68

* 〈자료 1〉부터 〈자료 5〉는 임의로 만든 가상의 자료이다.

더 생각하기

1. 표절에 대한 자기의 생각을 친구들과 나누어 보자.

2. 표절에 대한 자기 나라의 문화는 어떠한지 이야기해 보자.

3. 글쓰기에 AI를 활용할 때 무엇을 주의해야 하는지 이야기해 보자.

chapter

03

글쓰기,
기초를 다져보자!

chapter 03

글쓰기, 기초를 다져보자!

유학생이 한국어로 문장을 쓸 때 가장 힘들어하는 것은 무엇일까? 이에 관한 답변은 유학생의 한국어 능력, 글쓰기 경험이나 관심, 혹은 본인의 전공 등에 따라 다를 것이다. 그렇지만 많은 유학생이 글쓰기에서 공통으로 지적받는 부분은 바로 어문 규범이다. 예전부터 유학생 글쓰기에 관한 많은 연구가 있었는데, 이러한 연구에서 거의 비슷하게 지적한 부분이 바로 어문 규범 관련 오류였다.

물론 한글 맞춤법이나 표준어와 같은 어문 규범은 올바른 글쓰기를 위한 '기본'이자 '상식'이다. 우리가 규범을 만들고 이를 따르라고 하는 것은 결국 사람들 사이에서 원활한 의사소통을 위한 것이기 때문인데, 글쓰기도 의사소통의 한 부류이기 때문이다. 따라서 유학생이 한국어로 소통하고 한국어로 자기 생각을 글로 표현하려 한다면, 당연히 그 한국어 글은 어문 규범에 맞게 작성되어야 할 것이다.

그렇지만 어문 규범만 지나치게 강조하다 보면 글쓰기의 본질을 잃어버릴 우려가 있다. 바로 위에서 말했듯이, 글쓰기는 의사소통의 한 부류인데, 의사소통에서 가장 중요한 것은 어문 규범이 아니기 때문이다. 의사소통의 본질은 인간과 인간 사이에 소통이 막힘없이 되느냐에 있다. 그리고 소통이 잘 되느냐, 되지 않느냐의 문제는 인간의 언어가 그 나라의 소통 방식에 맞느냐 맞지 않느냐로 결정된다.

여기서 말하는 소통 방식이란 결국 그 나라 언어의 문법(文法, grammar), 혹은 문체(文體, style)를 뜻한다. 따라서 한국어를 배우는 유학생이 한국어 글쓰기를 통해 다른 사람과 잘 소통하려면 한국어 문법과 문체를 잘 이해해야 한다.

예시 1 ▷

아래에 나오는 유학생 예문을 통해 우리가 무엇을 더 중요하게 생각해야 할지 고민해 보자.

A. 나는 남들과 달리 한국에 **요학**한 특별한 이유가 없었다. 왜냐하면 한국 문화나 역사, **언에**에 전혀 관심이 없었기 때문이다.

B. (주어) 남들과 달리 한국에 유학한 특별한 이유가 **없었습니다**. 왜냐하면 한국 문화나 역사, 언어에 전혀 관심이 없었기 **때문이다**.

A는 단어를 잘못 쓴 문장이다. A의 '요학'은 '유학'으로, '언에'는 '언어'로 고쳐야 한다. 그렇지만 A는 이러한 표기를 제외한 나머지 부분에는 문제가 없다. 반면, B는 맞춤법에는 문제가 없으나 문법이나 문체에서 문제가 있다. B에는 문장의 주어가 빠져 있으며, 문장을 끝맺는 표현도 '-습니다'와 '-다'가 섞여 쓰였기 때문이다. 즉, A는 어문 규범에는 잘못이 있으나 문법이나 문체는 괜찮은 문장이고, 반대로 B는 어문 규범에는 문제가 없으나 문법이나 문체가 잘못된 문장이다.

물론 우리가 '어문 규범을 잘 지키며', 동시에 '올바른 문법이나 학술글에 적합한 문체로 글을 쓰는 것'이 가장 이상적이다. 그렇지만 외국인을 위한 글쓰기 수업에서 유학생이 이 두 가지를 충분하게 배우기는 어렵다. 외국인을 위한 글쓰기 수업이 어문 규범이나 한국어 문법, 문체만을 가르치는 과목이 아니기 때문이다.

그러한 의미에서 이 책에서는 어문 규범과 관련한 내용은 과감히 제외하고, 대신 유학생이 자주 틀리거나 어려워할 만한 한국어 문법이나 문체에 집중하고자 한다. 아래에서는 오류가 있거나 적절하지 않은 문장을 올바르게 수정하는 방식으로 진행할 것이다. 여기에 등장하는 대다수 예문은 유학생이 작성한 학술글이나 실용문에서 등장하였거나, 유학생이 쓴 문장과 유사하게 만든 것임을 미리 밝혀둔다.

1. 좋은 문장 만들기

1) 의미를 정확하게 전달하는 문장

1-1. 조사와 어미

한국어에는 '조사'(助詞, particle)와 '어미'(語尾, ending)가 있다. 그래서 이러한 문법 요소가 없는 언어를 사용하는 유학생은 한국어의 조사와 어미를 익히는 데 어려움을 겪는다. 아래에서는 유학생 글에서 자주 나타나는 조사와 어미의 오류 몇 가지를 유형별로 살펴보겠다.

① '이/가'와 '은/는'

한국어에서 '이/가'가 붙은 말은 문장의 주어이다. 그래서 '이/가'가 붙은 말은 "어떤 동작을 했거나 어떤 상태에 있는 누군가"이다.

(1) ㄱ. 사슴이 숲에서 풀을 뜯어 먹었다.
ㄴ. 아르미가 도서관에서 책을 읽었다.
ㄷ. 꽃이 아름답게 피었다.
ㄹ. 그날따라 날씨가 몹시 차가웠다.

(1ㄱ)에서 '풀을 뜯어 먹은' 동작을 한 누군가는 '사슴'이고, (1ㄴ)에서 '도서관에서 책을 읽은' 동작을 한 누군가는 '아르미'이다. 그리고 (1ㄷ)에서 '아름답게 핀' 상태에 있는 누군가는 '꽃'이고, '몹시 차가운' 상태에 있는 누군가는 '날씨'이다. 즉, '이/가'는 "~한 동작을 한 누군가", "~한 상태에 있는 누군가"를 나타내는 말에 붙는다.

반면, '은/는'이 붙은 말은 문장의 주제를 나타낸다. 그래서 '은/는'이 붙은 말은 "필자가 설명하고 싶은 대상"이다.

(2) ㄱ. 대한민국의 수도는[주제] 서울이다[설명].
ㄴ. 이 시장은[주제] 오랜 역사를 자랑하는 유명한 곳이다[설명].

(2ㄱ)은 '대한민국의 수도'가 주제이고 이것을 '서울이다'라는 말로 설명하고 있다. 그리고 (2ㄴ)은 '이 시장'이 주제이고 '오랜 역사를 자랑하는 유명한 곳이다'라는 말로 설명하고 있다. 이처럼 '은/는'은 "설명을 통해서 말하고 싶은 대상(무엇, 누군가)"을 나타내는 말에 붙는다.

'은/는'이 연속해서 쓰이면 그것은 '비교'(比較, comparison)나 '대조'(對照, contrast)로 해석된다.

(3)	ㄱ. 대한민국의 수도는 서울이고, 일본의 수도는 도쿄이다. ㄴ. 이 시장은 오랜 역사를 자랑하는 곳이지만, 저 시장은 불과 일 년 전에 새로 만들어진 곳이다.

(3ㄱ)은 '대한민국'과 '일본'의 수도를 비교하고 있으며, (3ㄴ)은 '이 시장'과 '저 시장'의 역사를 비교하고 있다.

'이/가'와 '은/는'은 문장에서 중요한 부분이 무엇이냐에 따라서 구분되기도 한다. 보통 '이/가'가 붙은 말은 '새로운 내용'으로 해석되는 반면, '은/는'은 '이미 앞에서 한 번 나왔던 내용'으로 해석된다.

(4)	A: 누가 케이크를 먹었어요? B: 아르미가[새로운 정보] 케이크를 먹었어요.
(5)	A: 아르미는 뭘 먹었어요? B: 아르미는[앞에서 나왔던 정보] 케이크를 먹었어요.

(4)에서 'B'의 대답은 '아르미가'로 되어 있다. 이것은 '누가'라는 질문에서 '아르미'가 새로운 정보이기 때문이다. 반면, (5)에서 'B'가 한 대답은 '아르미는'이다. 이것은 이미 'A'의 질문에서 '아르미'라는 정보가 한 번 나왔기 때문이다.

연습문제 1

다음 중 { }에 들어갈 적절한 조사에 ○표시를 해보자.

A. 중국과 일본{은/이} 문화적 배경{은/이} 비슷한 이웃 나라로서 서로의 문화를 잘 이해하고 있다.

B. 일본에 〈보보경심〉(步步驚心)(은/이) 방영된 이후부터 이와 비슷한 중국 드라마{는/가} 일본에서 인기를 얻기 시작했다.

C. 성형수술을 하는 목적{은/이} 외모나 신체 상태를 개선하는 것이다. 그래서 성형수술{은/이} 수술을 받는 사람에게 자신감을 높여준다는 긍정적 효과가 있다.

D. 음식물 쓰레기를 소각 처분할 때 나오는 이산화탄소가 지구온난화의 주요 원인 중 하나로 꼽힌다. 또한 소각된 음식물 쓰레기{는/가} 매립장에 묻히게 되지만, 이러한 쓰레기 매립장{은/이} 부족하다는 점도 문제이다.

② '에'와 '에서'

'에'와 '에서'는 모두 장소를 표현하는 말이지만 그 의미는 같지 않다. '에'는 주로 "~이 향하는 장소"나 "~이 위치하는 장소"를 뜻한다. 반면, '에서'는 "~이 출발하는 장소"나 "~이 벌어진 장소"를 뜻한다. 아래의 예를 통해 확인해 보자.

(1) ㄱ. 아르미는 서둘러 학교에 갔다.
ㄴ. 그 책은 어제까지 책장에 꽂혀 있었다.
ㄷ. 의사 선생님은 다르미 팔에 주사를 놓았다.

(2) ㄱ. 아르미는 조금 전 부산에서 출발했다.
ㄴ. 우리는 시험 기간마다 도서관에서 공부했다.
ㄷ. 그는 늦은 밤이면 사무실에서 혼자 식사했다.

(1ㄱ)의 '학교'는 '아르미'가 도착하는 곳이고 (1ㄴ)의 '책장'은 '책'이 위치하는 곳이며 (1ㄷ)의 '팔'은 '주사'가 향하는 곳이다. 반면 (2ㄱ)의 '부산'은 '아르미가 출발하는' 곳이고 (2ㄴ)의 '도서관'은 '우리가 공부하는' 일이 벌어진 곳이며 (2ㄷ)의 '사무실'은 '그가 식사하는' 일이 벌어진 곳이다.

연습문제 2

다음 중 { }에 들어갈 적절한 조사에 ○표시를 해보자.

A. 저는 우리 대학교{에/에서} 4년 동안 한국어를 배웠습니다.
B. 따뜻한 봄날이라 그런지 공원{에/에서}는 사람들이 많이 있었다.
C. ㅇㅇ대학교 정문 앞{에/에서} 교통사고가 발생하여, 지금 도로가 통제 중입니다.
D. 손흥민은 한국의 춘천{에/에서} 태어나서 축구를 시작하였으나, 16세부터는 독일{에/에서} 가서 축구 선수로 활동하였다.

③ '–고/–(으)며'와 '–는데'

'-고'와 '-(으)며'는 여러 행동이나 상태를 단순히 나열(羅列, listing)할 때 쓰는 말이다. 즉, "A+ -고/(-으)며 B"라고 하면 A와 B는 각각의 사건이거나, 동시에 일어난 사건(상태)으로 해석된다.

반면, '-는데'는 앞에 오는 내용이 그 뒤에 오는 내용의 배경(背景, background)이나 상황(狀況, situation)을 나타낼 때 쓰는 말이다. 즉, "C+ -는데 D"라고 하면 '-는데'가 붙은 C가 어떤 배경이나 상황이고, 그 배경이나 상황에 관련한 중요한 이야기가 D로 해석된다.

(1) ㄱ. 낮말은 새가 **듣고** 밤말은 쥐가 듣는다.
ㄴ. 한국의 여름은 기온이 **높고/높으며** 습도 역시 높은 편에 속한다.
ㄷ. 조사관은 사고 현황을 **둘러보며** 사고가 발생한 원인을 살펴보았다.

(2) ㄱ. 이번 조사에는 총 1,200명이 **참여했는데**, 이는 전년도보다 200명 이상 증가한 수치이다.
ㄴ. '그렇다'를 선택한 비율은 ㅇㅇ%로서 높은 편에 **속하는데**, 이는 많은 유학생이 만족스러운 학업을 이루고 있지 못함을 의미한다.
ㄷ. 20ㅇㅇ년 현재, 전국 편의점 수는 **ㅁㅁ개인데**, 이들 편의점에서는 유통기한이 지났다는 이유로 매일 ㅇㅇ톤의 식료품이 버려지고 있다.

그런데 '-는데'를 써야 할 자리에 '-고'나 '-(으)며'를 써서 문장이 잘못 연결된 경우도 적지 않다. 아래와 같은 예가 대표적이다. 여기에서는 '-는데'를 사용하는 것이 훨씬 자연스럽다.

(3) ㄱ. 소주 판매량은 약 ㅇㅇ만 **병이고** 20ㅇㅇ년도보다 10% 정도 성장했다.
ㄴ. 필자는 한국의 교육 방식에 **끌리며** 이는 필자가 한국에서 유학하기로 결심한 결정적 계기가 되었다.

④ '아닌'과 '아니라'

'~이 아닌'은 뒤에 오는 말, 특히 명사를 꾸밀 때 쓰는 표현이다. 그래서 '~이 아닌 N'으로 표현된다. 반면, '~이 아니라'는 문장과 문장을 연결하는 표현으로서 명사를 꾸미는 것과 관계가 없다. 가령, "A 아니라 B"라고 하면 말 그대로 "A라는 내용이 아니라 B라는 내용"을 뜻하는 것이다.[8)]

(1)	ㄱ. 관계자가 <u>아닌</u> 사람이 우리 회사에 출입했다. ㄴ. '부당한 저자 표시'란 실제 저자가 <u>아닌</u> 사람을 저자라고 하는 것이다.
(2)	ㄱ. 그 발언은 단순한 실수가 <u>아니라</u> 의도된 메시지로 해석된다. ㄴ. 그러한 행동은 평범한 관심이 <u>아니라</u> 과도한 집착에 해당한다.

(1)의 '~이 아닌'은 모두 '사람'을 꾸미고 있다. 그렇지만 (2)는 "A 아니라 B"로 표현되어 A와 B라는 두 개의 문장이 이어져 있다. 가령, (2ㄱ)은 "그 발언은 단순한 실수가 아니다 + (그 발언은) 의도된 메시지로 해석된다"로 나뉜다.

그런데 이렇게 '아니라'가 쓰여야 할 곳에 '아닌'이 쓰여 잘못된 문장이 된 예가 종종 확인된다. 즉, (3)의 '아닌'은 잘못된 표현이므로 이를 '아니라'로 바꾸어야 한다.

(3)	ㄱ. 식자재 폐기로 인한 손실을 부담하는 것은 본사가 <u>아닌</u> 폐기가 일어난 가맹점이다. ㄴ. 이 영화는 결혼만이 여성의 유일한 선택이 <u>아닌</u>, 여성의 삶에는 더 많은 길이 존재한다는 것을 보여준다.

⑤ 그 밖의 것

다음의 예에도 한국어 어미가 잘못 쓰여 있다. 이를 올바르게 고쳐 보자.

연습문제 3

A. 내 친구는 쉽사리 다른 사람에게 <u>다가갈려고</u> 하지 않는다.
B. 그는 고등학교를 <u>졸업하자</u> 한국에 와서 한국어를 배웠다.
C. [결론에서] 이러한 단점을 <u>살펴보고자 한다.</u>
D. [결론에서] 설문조사를 통해 여러 가지 문제점을 알 수 <u>있다.</u>
E. 당시 중국 시청자들에게 일본 드라마는 오락일 뿐만 아니라 다양한 정보의 <u>원천이다.</u>

1-2. 문장 성분

문장에는 서술어와 짝을 이루어야 하는 여러 요소가 있다. 가령, "친구가 밥을 먹었다."처럼 '먹다'라는 서술어는 반드시 '먹는 동작을 하는 사람'인 '친구'와 동작의 대상인 '밥'이 문장에 있어야 올바른 문장이 된다. 만약 이 문장에서 '친구'나 '밥'이 생략되면 이는 잘못된 문장이 되어 버린다. 아래에서는 문장에서 짝을 맞추어야 하는 경우를 살펴보겠다.

① 문장에 짝이 맞는 말이 생략된 경우

우리가 주로 나누는 대화에서는 짝을 이루는 말을 생략해도 큰 문제가 없다. 그렇지만 학술글과 같은 글쓰기에서 서술어와 짝을 이루는 말이 생략되면, 그 문장을 제대로 해석할 수 없게 된다.

(2) ㄱ. 이러한 정신적 어려움은 무시할 수준이 아니며, (무엇이?) **심해지면** 극단적으로 행동한다는 것이 문제이다.
→ … **이것이/이 증상이** 심해지면 …

ㄴ. (무엇이?) 주인공이 생명을 소중히 여기게 된다는 내용을 **담고 있다**.
→ **이 드라마는** … 담고 있다.

ㄷ. 한국의 식사 예절에는 젓가락 사용과 관련된 것도 있다. 따라서 한국에 여행 갈 때는 (무엇을?) 미리 **알아둘** 필요가 있다.
→ … **이를/젓가락 사용 예절을** 미리 알아둘 필요가 있다.

ㄹ. 그는 (무엇과?) 격렬하게 **싸우는가** 싶었는데, 얼마 지나지 않아서 그 사냥꾼의 총 앞에 무릎을 꿇고 말았다.
→ 그는 **사냥꾼과** 격렬하게 싸우는가 싶었는데 …

(2ㄱ)의 서술어 '심해지다'와 (2ㄴ)의 서술어 '담고 있다'에는 '무엇이'에 해당하는 짝이 없으므로 이것을 채워야 올바른 문장이 된다. (2ㄷ)의 서술어 '알

아두다'에는 '무엇을'에 해당하는 말이, (2ㄹ)의 서술어 '싸우다'에는 '무엇과'에 해당하는 말이 없으므로 각각을 채워야 한다.

② 짝이 맞는 표현이 없는 경우

한국어 문장에서 주제를 나타내는 말과 서술어가 짝을 이루어야만 올바른 문장이 되는 경우가 있다. 가령, '이유'나 '목적'이라는 단어가 주제어가 되면, 그 서술어는 "~기 위해서이다", "~고 싶어서이다", "~이기 때문이다" 등으로 써야 한다는 뜻이다. 이것이 짝을 이루지 않으면 그 문장은 잘못된 문장이 되고 만다.

(1) 한국에서 공부하려는 **이유는** 한국의 문화와 언어를 자세히 알기 위해서 왔다. (×)

ㄱ. 한국에서 공부하려는 **이유는** 한국의 문화와 언어를 자세히 알기 위해서이다. (○)

ㄴ. 한국에서 공부하려는 **이유는** 한국의 문화와 언어를 자세히 알고 싶었기 때문이다. (○)

ㄷ. **필자는** 한국의 문화와 언어를 자세히 알기 위해서 한국에 왔다. (○)

(2) 그가 운동하는 **목적은** 건강해지고 싶어서 운동한다. (×)

ㄱ. 그가 운동하는 **목적은** 건강해지기 위해서이다. (○)

ㄴ. 그가 운동하는 **목적은** 건강해지고 싶어서이다. (○)

ㄷ. 그의 **운동 목적은** 건강 유지이다. (○)

만약 (1ㄷ)처럼 서술어 '왔다'를 그대로 쓰고 싶다면 주제어를 '필자'로 바꾸어도 된다. 이 경우 "필자는 ~에 왔다."라는 문장이 되어 주제어와 서술어가 짝을 이루기 때문이다. 그리고 (2ㄷ)처럼 "N의 목적은 N이다"처럼 표현하는 것도 가능하다.

연습문제 4

다음 각 문장에서 단어와 짝을 이루지 못하거나 문장에서 생략된 짝을 찾아서 올바르게 고쳐 보자.

A. 영화나 드라마는 큰 영향을 끼친다.
B. 이 요리는 올바르게 만들면 풍부하고 포만감이 있다.
C. 필자가 한국에 유학한 이유는 중학교 때부터 K-팝을 좋아했다.
D. 성형수술의 주요 목적은 외모 개선이며, 개인의 자신감을 향상하는 데 기여한다.
E. 한국과 일본은 가까운 나라이면서 사용하는 식재료도 비슷하다. 그래서 서로의 음식을 즐기는 경우가 많다.

2) 대학 글쓰기에 어울리는 표현

지금까지 배운 것처럼 문장은 문법적으로 바르게 작성해야 한다. 그런데 문법적으로는 아무런 문제가 없는 문장이라고 하더라도 그것이 어색하게 느껴지는 경우도 존재한다. 이것은 일반적으로 학술글에서 즐겨 쓰이지 않거나, 혹은 학술글에서 쓰지 않기로 약속한 표현을 사용한 경우가 여기에 해당한다. 이것을 우리는 '문장의 적절성'(contextual appropriateness)이라고 하여 앞서 배웠던 '문장의 정확성'(grammatical accuracy)과 구분한다.

글쓰기에는 글에 걸맞은 언어 표현이 있다. 사람이 하는 말을 그대로 글자로 바꾼다고 해서 그것이 곧바로 적절한 글이 되지는 않는다. 유학생이 한국어 글쓰기에서 어려워하는 부분이 바로 이것이다. 특히 유학생들은 자기가 대화에서 사용하는 단어나 표현을 학술글에 그대로 쓰는 경우가 많아서 지적을 받기도 한다. 이것은 구어와 문어를 구분하지 못했기 때문이다.

학술글은 '문어'(文語, written language)로 써야 한다. 문어란 글에서 쓰는 말로서, 사람이 일상적 대화에서 쓰는 말인 '구어'(口語, spoken language)와 여러 가지 면에서 차이가 있다. 구어는 대체로 즉흥적으로 쓰는 경우가 많고, 문법에 얽매이지 않으며 주로 자유로운 표현이 쓰인다. 반면 문어는 계획적으로 쓰는 경우가 많다. 또한 문어는 '글'이므로 문법은 물론이고 한글 맞춤법과 같은 언어 규범도 잘 지켜야 한다. 더불어 글을 통해 글쓴이의 생각을 효과적으로 표현해야 하므로 격식을 지키는 경우가 많다. 이 외에도 구어와 문어에서 각각 달리 쓰이는 표현들도 있다. 이를 구체적으로 살펴보면 다음과 같다.

2-1. 문어에 어울리는 표현 쓰기

① 본말을 사용하자.

학술글에서는 준말이 아니라 본말을 써야 한다. 준말은 본말을 줄여서 쓴 것으로서 구어에서 쓰는 말이기 때문이다.

(1) ㄱ. 대학생 알바(→ 아르바이트) 현황, 알바(→ 아르바이트) 선택 고려 요인
ㄴ. 학식(→ 학생 식당, 혹은 학교 식당)의 대기 줄이 길어서 …
ㄷ. 생각보다 많은 일을 처리할 순(→ 수는) 없었지만 …
ㄹ. 그렇지만 사소한 걸(→ 것을) 처리하지 못한다고 해서 …
ㅁ. 업무처리 방식을 개선하고 있는 학교는 아예 없다는 게(→ 것이) 현실이다.
ㅂ. 당시 중국 대학생 연령대에선(→ 에서는) ㅇㅇ 드라마가 큰 반향을 일으켰다.

② 긴 부정문을 사용하자.

문어에서는 짧은 부정문보다는 긴 부정문을 써야 한다. 짧은 부정문은 '안', '못'과 같은 부정 표현이 쓰인 문장이고, 긴 부정문은 '~지 않다', '~지 못하다'와 같은 부정 표현이 쓰인 문장이다.[9)]

(2) ㄱ. 그는 학교생활에 대해 제대로 안내를 **못 받았다**(→ 받지 못했다).

ㄴ. 다만 실험 참가자들이 예상만큼 반응을 **못 했다**(→ 하지 못했다)는 문제가 발생했다.

ㄷ. TOPIK 점수가 늘었다는 응답이 ㅇㅇ%, **안 늘었다**(→ 늘지 않았다)는 응답이 ㅇㅇ%였다.

ㄹ. 조사에 참여한 사람의 절반 이상이 해당 질문에 응답을 **안 하고**(→ 하지 않고) 다음으로 넘어가 버렸다.

연습문제 1

다음 각 문장에 나오는 구어 표현을 문어 표현으로 고쳐 보자.

A. 결국엔 그러한 차이도 인정해야 한다.

B. 일 때문에 안 좋은 영향을 미치기도 한다.

C. 그 문제만큼은 여친과 생각이 다를 수밖에 없었다.

D. 다른 나라의 식사 예절을 고려해야 하는 게 중요하다.

E. 미성년자일 땐 부모님의 품 안에서 어찌할 순 없었지만 …

2-2. 간결하고 명료한 표현 쓰기

① 중복된 표현을 쓰지 말자.

구어와는 달리 문어에서는 의미가 중복된 표현(overlapping expressions)이나 특정 어휘를 반복해서 사용(repeated use)하는 것을 꺼린다. 이때는 중복된 말 중 하나를 지우고 그에 맞추어 문장을 수정하면 된다.

(1) ㄱ. 사실 이 두 음식에는 공통점이 있다. 사실, 이 두 음식은 이탈리아의 마르게리타 여왕이 선호했던 요리였다.
→ 사실 이 두 음식에는 공통점이 있다. …
→ 사실 이 두 음식에는 이탈리아의 마르게리타 여왕이 선호했다는 공통점이 있다.

ㄴ. 성형수술이라는 것이 생긴 것과 …
→ 성형수술이 생긴 것과

ㄷ. 드라마 전파를 통해 남녀평등을 의식할 수 있는 의식이 증대되기를 기대한다.
→ 드라마 전파를 통해 남녀평등 의식이 증대되기를 기대한다.

(1ㄱ)에서는 반복되어 사용된 '사실' 중 하나를 지우면 된다. (1ㄴ)에서는 '것'이, (1ㄷ)에서는 '의식'이 한 문장 내에서 중복되어 쓰이고 있다. 이때는 둘 중 하나를 지우되 전체 문장의 표현을 약간 고치면 된다.

연습문제 2

다음 각 문장에 나오는 중복 표현을 적절하게 고쳐 보자.

A. 이는 젊은 세대가 전통문화를 새롭게 수용하고 해석하는 것을 반영한 것이었다.
B. 전문적인 초밥 전문가가 직접 만들어 주는 초밥은 재료에 따라서 모양이 달라지기도 한다.
C. ㅇㅇ의 노동법에 따르면 "…"라고 규정하고 있다. 교육 공무원은 이 제약에 해당된다고 규정하고 있다.

② 군더더기를 쓰지 말자.

'군더더기'(unnecessity)란 "쓸데없이 덧붙은 것"을 뜻한다. 즉 문장의 군더더기란 문장에서 굳이 쓰지 않아도 될 만큼 필요가 없는 부분을 가리킨다. 문어에서 군더더기는 문장을 복잡하고 지저분하게 보이게 만들기 때문에 지우는 것이 좋다.

(2) ㄱ. 그 학생은 다른 나라 언어**에 대해**(→언어에) 관심이 많았다.
ㄴ. **내면적인**(→ 내면의/내적) 만족을 추구하는 입장에서는 …
ㄷ. **대부분의 많은**(→ 대부분의/많은) 사람들은 스마트폰을 하루 종일 사용한다.
ㄹ. 이 영화는 **줄거리가 단순하다는 특징을 가지고 있기 때문에**(→ 줄거리가 단순해서/줄거리가 단순하기 때문에) 쉽게 이해할 수 있다.

(2ㄱ)은 '~에 관심이 많다'만으로 문장 의미를 전달하기에 충분하다. 따라서 '~에 대해 관심이 많다'에서 '대해'는 군더더기이므로 지우는 것이 좋다. (2ㄴ)의 '-적'은 앞말에 붙어서 뒤에 오는 명사를 꾸미는 것이고, '-인'도 뒤에 오는 명사를 꾸미는 것이다. 따라서 '-적인'은 의미가 중복되므로 둘 중 하나를 지우는 것이 좋다. (2ㄷ)의 '대부분'과 '많은'은 거의 비슷한 의미로 사용되는 표현이므로 둘 중 하나만 선택하여 쓰도록 한다. (2ㄹ)의 '~는 특징을 가지고 있-'은 그 표현을 통째로 지워도 의미를 전달하는 데 아무런 문제가 없으므로 생략하는 것이 좋다.

연습문제 3

다음 각 문장에 나오는 군더더기 표현을 간결하게 고쳐 보자.

A. 서울은 인구가 많은 **특징을 가진** 도시이다.
B. 중국과 일본은 문화의 **유사성을 가진** 이웃나라로서 …
C. ㅇㅇ 기업은 20ㅇㅇ년부터 **여러 가지 다양한** 연구를 시도해 왔다.
D. 제 고향은 중국 ㅇㅇ인데 **북방 지역**이라 매우 **추운 특징이 있습니다**.

E. 하노이는 수도이고 호치민 역시 대규모 도시라서 이사해도 두 도시의 생활 환경은 크게 다르지 않습니다.

③ 길게 꾸미는 말을 쓰지 말자.

명사를 꾸미는 표현을 길게 하지 않도록 한다. 꾸미는 말이 너무 길면 전체 문장이 어색해지거나 의미를 알기 어렵기 때문이다. 이때는 꾸밈을 받는 명사나 그 명사가 포함된 표현을 문장의 주제어로 바꾸면 문제가 해결되는 경우가 많다.

(3) ㄱ. 내[꾸미는 말] 고향은 바로 ~입니다.
ㄴ. 내가 살던[꾸미는 말] 고향은 바로 ~입니다.
ㄷ. 내가 ○○살부터 지금까지 떠나지 않고 살아왔으며 많은 애정을 품고 있는[꾸미는 말] 고향은 바로 ~입니다.

(4) ㄱ. 이것은 산후 이혼 위기가 주제로 된[꾸미는 말] 드라마이다.
→ 이 드라마는 산후 이혼 위기를 주제로 삼고 있다.
→ 이 드라마 주제는 산후 이혼 위기이다.
ㄴ. 이것은 지역 경제를 활성화하려는 목표로 시작된[꾸미는 말] 사업이다.
→ 이 사업은 지역 경제를 활성화하려는 목표로 시작되었다.
→ 이 사업의 목표는 지역 경제를 활성화하는 것이다.

(3ㄱ)이나 (3ㄴ)은 '고향'을 꾸미는 말이 짧으므로 각 문장을 쉽게 이해할 수 있다. 그렇지만 (3ㄷ)은 '고향'을 꾸미는 말이 너무 길어서 전체 문장 의미를 금방 알아채기 어렵다. 따라서 이러한 문장은 쓰지 않는 것이 좋다.

(4)는 학술글에서 명사를 꾸미는 표현이 길어서 발생한 문제이다. (4ㄱ)은 "이것은 ~는 드라마이다"인데, 명사 '드라마'를 꾸미는 말이 길어서 어색해졌

다. 꾸밈을 받는 '드라마'를 주제어로 삼거나, '드라마 주제'를 문장의 주제어로 바꾸어도 된다. (4ㄴ)은 "이것은 ~는 사업이다"로서 '사업'을 꾸미는 말이 길어서 의미를 쉽게 파악하기 어렵다. 역시 '사업'이나 '사업의 목표'를 주제어로 삼으면 문장이 훨씬 간결해진다.

연습문제 4

다음 각 문장을 간결한 표현으로 고쳐 보자.

A. 이 글은 성형수술에 대한 학술적 이해를 도모하고자 하는 연구 목표가 있다.
B. 이 글은 인공지능의 발달이 인간 삶에 미치는 영향을 고찰하는 내용으로 구성되었다.
C. 그는 육아나 살림은 하지도 않으면서 아내에게 가끔 비싼 옷이나 가방을 사주기만 하는 남편이었다.

2-3. 객관적이고 일관된 표현 쓰기

① 객관적 표현을 쓰자.

학술글은 객관적 표현(客觀的 表現, objective expression)을 사용한다. 필자의 감정을 직접적으로 표현하는 것은 곤란하며, 학술글에 등장하는 대상과의 관계도 중립적으로 표현해야 한다. 특히나 글쓴이를 '나' 혹은 '저'로 표현하는 것은 별로 좋지 않으므로, '필자'로 수정하도록 한다.

(1) ㄱ. 20○○년에는 3년 만에 발행 수가 증가했다는 기쁜(→ 긍정적) 정보도 있어…
ㄴ. 주변 사람들이나 교수님(→ 교수/담당 교수)의 도움을 요청하는 것도 하나의 방법이다.

ㄷ. 학교 직원분들께(→ 직원들에게) 많은 도움을 받았던 기억이 있다.
ㄹ. 예를 들어, 손님과 소통하는 방법, 사장님이나(→ 사장이나) 직장 동료와 관계를 쌓는 방법 등을 배울 수 있다.
ㅁ. 내가(→ 필자가) 추가로 검토한 바에 따르면 …

② 일관된 표현을 쓰자.

학술글에서는 어떤 개념이 동등한 지위(parallel status)를 갖고 있으면서 나열된다면 그것을 일관된 표현(consistent expression)으로 써야 한다.

(2) ㄱ. 지금은 영어, 한국어를 공부하고 있지만 추후 프랑스(→ 프랑스어), 중국(→ 중국어), 일본어도 공부할 예정이다.
ㄴ. 일본 기업의 해외 진출에 주목해 보면 중국에 진출한 기업이 가장 많았으며 미국(→ 미국에 진출한 기업)이 그 뒤를 이었다.
ㄷ. MBTI는 사회심리학자 Carl Jung의[→ 칼 융(Carl Jung)의] 유형 이론에 기반한다. 이 MBTI는 칼 융에 의해 개발되었지만 …

(2ㄱ)에서 '영어', '한국어', '일본어'는 언어를 가리키는 말이지만 '프랑스', '중국'은 나라를 가리키는 말이다. 따라서 뒤에 오는 나라 이름을 언어 이름으로 바꾸어야 한다. (2ㄴ)에서 '중국에 진출한 기업'은 기업을 가리키는 말이고 '미국'은 나라 이름을 가리키는 말이므로 뒤에 오는 '미국'을 '미국에 진출한 기업'으로 바꾸어야 한다.

한편, (2ㄴ)은 표기법도 일관되게 해야 한다는 것을 보인 예이다. 앞 문장에서는 서양 학자의 이름을 '로마자'로 썼으나 뒤의 문장에서는 그것을 '한글'로 표기하여 사람 이름을 일관되게 쓰지 않았다. 한국어로 된 학술글에서는 외국인 이름을 먼저 한글로 쓰고 그 뒤에 로마자로 된 외국인 이름을 함께 쓰는 경우가 많다. 따라서 이 경우는 한글로 된 외국인 이름으로 통일해야 한다.

연습문제 5

다음 각 문장에서 일관되지 않은 표현을 일관되게 고쳐 보자.

A. 식자재 마트에서 팔다 나온 음식이나 반품, 음식점에서 먹다 남은 음식들 …

B. 아르바이트 유형을 나누어 보면, 음식점 서빙이 30.0%, 술집 서빙이 27.5%, 편의점이 25.0%로 가장 높은 비율을 차지했다.

C. 이 드라마의 주된 내용은 법의학자들이 사건을 해결해 가는 과정이다. 여기에는 다양한 해부학 정보가 등장하여 이 드라마는 법의 해부학자에 관한 이미지를 긍정적으로 바꾸는 계기가 되었다.

2. 논리적 문단 만들기

단어와 단어가 만나서 만들어지는 것이 문장이고, 문장과 문장이 만나서 만들어지는 것이 문단이며, 문단과 문단이 만나서 만들어지는 것이 한 편의 글이다. 이 장에서는 학술글에서 쓰이는 문단에 관해 알아보자.

1) 문단은 왜 필요할까?

'문단'(文段, paragraph)이란 어떤 글을 내용에 따라 나눌 때, 나누어지는 내용의 덩어리, 혹은 토막, 조각을 의미한다. 그리고 이렇게 내용이 나누어진다는 것을 표시하기 위하여 들여쓰기(Indentation, 문단 맨 앞에서 띄어쓰기하는 것)를 사용한다. 따라서 문단이란 형식 면에서는 들여쓰기를 시작하여 다음 들여쓰기가 시작되기 직전까지의 단위이며, 내용 면에서는 관련된 문장들이 모여 하나의 내용을 이루는 단위를 뜻한다.

문단은 내용에 따라 나뉘므로 독자에게 전체 글의 내용을 효과적으로 전달할 수 있다. 문단을 적절히 나누는 것은 필자에게도 필요하다. 글을 내용별로 잘 조직하여 작성할 수 있도록 해주기 때문이다. 아래에 제시된 글을 통해 이를 확인해 보자.

다음은 똑같은 내용의 글인데, 하나는 문단 구분 없이 쓴 것이고 다른 하나는 이를 여러 개의 문단으로 나누어 쓴 것이다. 이 두 가지 중에서 무엇이 이해하기 편한지 생각해 보자.

A. 전기레인지(electric range)란 "전기로 열을 발생시켜 음식을 조리하는 기구"를 가리키는 말이다. 전기레인지에는 인덕션(Induction), 하이라이트(Hi-Light), 하이브리드(Hybrid) 등 세 가지 방식이 있다. 인덕션은 전기레인지 상판은 가열되지 않고 프라이팬과 같은 조리 용기만 가열되는 방식이다. 인덕션은 하이라이트에 비해 화력이 강력하여 빠르게 조리할 수 있지만 스테인리스 용기만 써야 한다는 단점도 있다. 하이라이트는 전기레인지 상판이 직접 가열되는 방식이다. 하이라이트는 화력이 인덕션에 비해 부족하여 빠르게 조리하기는 어렵다. 그렇지만 스테인리스 외의 다른 용기도 사용할 수 있는 장점이 있다. 하이브리드는 하나의 상판에 인덕션과 하이라이트를 반반씩 섞은 방식이다. 이것은 인덕션과 하이라이트 방식의 장점을 갖고 있지만 그 두 가지의 단점도 모두 공유하고 있다.

B. 전기레인지(electric range)란 "전기로 열을 발생시켜 음식을 조리하는 기구"를 가리키는 말이다. 전기레인지에는 인덕션(Induction), 하이라이트(Hi-Light), 하이브리드(Hybrid) 등 세 가지 방식이 있다.

인덕션은 전기레인지 상판은 가열되지 않고 프라이팬과 같은 조리 용기만 가열되는 방식이다. 인덕션은 하이라이트에 비해 화력이 강력하여 빠르게 조리할 수 있지만 스테인리스 용기만 써야 한다는 단점도 있다.

하이라이트는 전기레인지 상판이 직접 가열되는 방식이다. 하이라이트는 화력이 인덕션에 비해 부족하여 빠르게 조리하기는 어렵다. 그렇지만 스테인리스 외의 다른 용기도 사용할 수 있는 장점이 있다.

하이브리드는 하나의 상판에 인덕션과 하이라이트를 반반씩 섞은 방식이다. 이것은 인덕션과 하이라이트 방식의 장점을 갖고 있지만 그 두 가지의 단점도 모두 공유하고 있다.

위 두 가지 글 중에서 독자가 보기에 편한 것은 무엇인가? 그것은 아마도 문단이 나뉜 B일 것이다. 이처럼 문단이 잘 나뉘어 있으면 독자는 눈으로 쉽게 그 문단의 내용을 파악할 수 있으므로, 글 전체 내용까지 금방 이해하게 된다.

우리가 앞으로 써야 할 학술글은 기본적으로 문단을 나누어 써야 하는 글이다. 아래에서는 학술글의 문단을 어떻게 써야 하는지에 관해 알아보겠다.

2) 문단을 짜임새 있게 작성하는 방법

학술글의 문단은 여러 개의 문장으로 이루어지는데, 이들은 일정한 의미 관계에 따라 배열된다. 그것이 바로 '핵심 문장', '뒷받침 문장', '맺음 문장'이다.

핵심 문장(topic sentence)이란 문단의 중심 내용을 담고 있는 문장으로서, 필자가 하고 싶은 말을 한마디로 정리한 문장을 의미한다. 핵심 문장은 다른 말로 화제문, 혹은 소주제문이라고도 한다.[10] 핵심 문장은 마침표(.)로 끝나야 하며, 문단에서 말하고자 하는 내용을 일반적 표현으로 써야 한다.

연습문제 1

다음 문장은 핵심 문장으로서 적절하지 않은 이유를 말해 보자.

A. 인덕션의 특징
B. 하이라이트는 어떠한 방식인가?
C. 인덕션과 하이라이트 방식의 비교

뒷받침 문장(supporting sentences)이란 핵심 문장을 구체적으로 설명하거나 보완하는 문장이다. 뒷받침 문장을 쓰는 이유는 핵심 문장만으로는 필자의 생각을 온전하게 전달하기 어렵기 때문이다. 따라서 뒷받침 문장은 핵심 문장에 관한 내용을 구체적으로 써야 한다. 주장하는 글이라면 이유나 근거가 뒷받침 문장이 되고,[11] 설명하는 글이라면 설명을 보충하는 내용이 뒷받침 문장이 된다.

맺음 문장(concluding sentence)이란 문단의 마지막 부분에서 문단의 내용을 다시 한번 더 강조하는 문장이다. 맺음 문장은 한 문단이 끝났다는 사실을 독자에게 알려주며, 동시에 그 문단의 내용이 무엇인지를 한 번 더 알려주는 기능을 한다. 맺음 문장은 문단에서 꼭 필요한 문장은 아니지만, 문단의 길이가 길수록 맺음 문장을 쓰는 것이 효과적이다. 독자에게 생각을 정리할 기회를 주기 때문이다. 다만, 핵심 문장을 맺음 문장에 그대로 다시 써서는 안 된다. 맺음 문장은 문단 내용을 요약하여 정리하는 것이기 때문이다.

연습문제 2

다음 문단에서 핵심 문장, 뒷받침 문장, 맺음 문장을 찾아보자.

A. 대학에서 영어로 수업을 진행하는 수업, 이른바 '영어매개강의'는 그 숫자를 더욱 늘릴 필요가 있다. 영어매개강의는 학생의 실제 영어 사용 능력을 향상시키기 때문이다. 20ㅇㅇ년도에 발표된 ㅇㅇ의 논문에 따르면, 영어매개강의를 들은 학생들은 영어 의사소통 실력이 높아졌다고 한다. 특히 이러한 효과는 영어 수준이 높은 학생들 사이에서 훨씬 좋았던 것으로 확인되었다.

B. 드론은 여러 영역에서 영상을 확보하거나 물건을 나르는 용도로 쓰이고 있다. 가령, 군대에서는 드론을 통해 정찰이나 감시 임무를 수행하며, 방송 업계에서는 다채로운 영상을 만들기 위해 드론으로 공중 촬영을 하기도 한다. 또한, 물류 산업에서는 택배 배송에, 농업에서는 농약 살포나 작물 관리에 드론을 적극 활용하고 있다. 이처럼 드론은 다양한 분야에서 그 가치를 인정받고 있다.

C. 문어와 오징어는 비슷하게 보이지만 여러 면에서 다르다. 첫째, 문어는 다리가 8개이지만 오징어의 다리는 10개이다. 둘째, 문어의 눈은 다리 반대쪽에 가깝지만 오징어는 눈이 다리쪽에 가깝게 자리 잡고 있다. 셋째, 문어와 오징어는 빛에 대한 반응에서도 차이가 있는데, 문어는 어두운 곳을 좋아하지만 오징어는 밝은 곳을 좋아한다. 넷째, 문어의 먹물은 잘 분산되지만, 오징어의 먹물은 자기 몸을 잘 감싸는 성질이 있다. 즉, 문어와 오징어는 다리 수, 눈의 위치, 빛에 대한 반응, 먹물의 성질에 따라 차이를 보인다.

D. ㅇㅇ대학교 한국어교육센터의 교재는 유학생 수준에 맞게 바뀌어야 한다. 현행 교재는 등급이 다양하지 않아서 유학생들 사이에서 불만이 많기 때문이다. 유학생의 한국어 능력은 한국어능력시험(TOPIK)의 여섯 단계로 매겨지는데, 현행 교재는 초급 · 중급 · 고급이라는 세 개의 등급으로만 나뉘어 있다는 문제가 있다. 얼마 전 ㅁㅁ에서 실시한 설문조사에 의하면, ㅇㅇ대학교 한국어교육센터에서 수강하는 유학생의 무려 ㅇㅇ%가 지금의 교재 등급이 적절히 나뉘지 않았다고 답하기도 했다. ㅇㅇ대학교 한국어교육센터의 교재가 개편되어야 할 이유가 바로 여기에 있다.

연습문제 3

다음 빈칸에 들어갈 문단의 핵심 문장을 만들어 보자.

A. ____________________

첫째, 학교 체육 시설을 이용해야 하는 학생들이 오히려 그 시설물을 이용할 수 없는 일이 생기기 때문이다. 예컨대, 학생들의 체육 시간 중에 일반 시민들이 학교 운동장을 쓰고 있다면, 학생들이 오히려 운동장을 사용하지 못하는 일이 발생하게 된다. 둘째, 체육 시설에 대한 관리비가 올라가기 때문이다. 여러 사람이 체육 시설을 사용하다 보면 그 시설은 쉽게 고장 날 수밖에 없는데, 이를 수리하는 비용은 고스란히 학교가 부담해야 한다. 따라서 학교 체육 시설을 일반 시민에게 개방하는 일은 신중하게 검토해야 한다.

B. ____________________

학내에서 규정 속도보다 훨씬 빠르게 달리는 공유 킥보드는 보행자를 위협하기 때문이다. 공유 킥보드 문제를 집중적으로 다룬 우리 학교 신문 제ㅇㅇ호에 의하면, 달리는 공유 킥보드 때문에 위협을 느꼈다는 학생이 응답자의 60%를 넘은 것으로 확인되었다. 또한 공유 킥보드는 아무 데나 주차되어 학생들이 걸려 넘어지게 하거나 돌아서 가게 만드는 문제도 있다. 학내 대표 온라인 커뮤니티인 ㅇㅇ에서는 최근 6개월 사이 이와 관련한 불만이 지속적으로 제기될 만큼, 무분별한 킥보드 주차 문제가 심각하다.

C. ____________________

먼저, 대학 축제에 연예인을 초청하는 데에는 엄청난 비용이 발생하기 때문이다. 여기에는 보통 수천만 원에서 수억 원이 사용되는데, 이 돈은 모두 학생들의 등록금이나 학교 예산에서 지출된다. 일 년에 한 번 있는 행사에 이처럼 큰 비용을 들이는 것은 재정 관리의 측면에서 효율적이지 않다. 다음으로, 대학 축제에 연예인이 출연하면 '대학 축제'라는 본질이 흐려지기 때문이다. 대학 축제는 대학생이 주인공인 행사로서 학생들이 주도적으로 축제에 참여하고 축제를 이끌어야 한다. 그렇지만 연예인이 오게 되면 축제의 초점은 학생의 활동이 아니라 연예인 공연에 쏠릴 수밖에 없다. 그러므로 각 대학은 축제를 열 때 연예인을 부르지 말고 학생이 직접 축제를 기획하고 진행하도록 만들어야 한다.

3) 통일성 있는 문단, 어떻게 만들까?

문단이란 관련된 문장들이 모여 하나의 내용을 이룬 것이며, 그중 가장 중요한 부분은 문단의 중심 내용을 나타낸 핵심 문장이다. 즉, 하나의 문단에는 하나의 중심 내용이 있어야 하며, 그 외 나머지 문장들은 이 중심 내용을 적절히 뒷받침해야 한다. 이처럼 하나의 문단은 하나의 중심 생각으로 이루어진다는 것을 문단의 통일성(unity of paragraph)이라고 한다.

의외로 대학생 글에는 문단의 통일성이 잘 지켜지지 않는 경우가 많다. 이것은 크게 두 가지로 나뉘는데, 첫 번째는 하나의 문단에 두 개의 중심 생각이 있는 경우이다. 아래의 예를 살펴보자.

> 외국어를 효과적으로 학습하려면 매일 꾸준하게 외국어를 공부해야 한다. 일정한 시간을 정해 외국어를 반복 학습하면, 학습자는 그 외국어를 오랫동안 기억할 수 있기 때문이다. 본인에게 적합한 외국어 교재를 고르는 것도 중요하다. 너무 쉬운 교재는 학습자에게 지루하고, 반대로 지나치게 어려운 교재는 학습자가 외국어 학습을 포기하게 만들기 때문이다.

윗글은 외국어를 효과적으로 학습하는 방법을 다루고 있다. 여기에는 두 개의 중심 생각이 있는데, 하나는 외국어를 매일 학습해야 한다는 것이고, 다른 하나는 적절한 외국어 교재를 골라야 한다는 것이다. 따라서 위 문단은 하나의 문단에 하나의 중심 생각만 있어야 한다는 문단의 통일성을 지키지 않았다. 이 문제를 해결하려면 두 가지 중심 생각 중 하나를 생략하거나, 두 번째 중심 생각이 시작되는 문단을 다른 문단으로 나누어야 한다.

문단의 통일성이 지켜지지 않은 두 번째 경우는 하나의 중심 생각과 관련이 없는 뒷받침 문장이 있는 경우이다. 아래의 예가 대표적이다.

인터넷 실명제(Internet Real-Name Verification)란 온라인에서 글을 쓸 때 글 쓰는 사람이 본인인지를 확인하는 제도인데, 이 제도의 시행을 두고 공공의 질서(Public Order)와 표현의 자유(Freedom of Expression)가 맞서고 있다. 인터넷 실명제는 익명(匿名, anonymous)을 악용한 가짜 뉴스의 유포는 물론, 무분별한 악성 댓글을 막기 위해 도입되었다. 그래서 인터넷 실명제는 책임감 있고 건전한 온라인 문화를 만들 수 있다. 그렇지만 이 제도는 네티즌이 자기 생각을 자유롭게 표현할 권리를 침해한다는 문제도 있다. '익명으로 하는 표현'도 표현의 자유에 해당하기 때문이다. **참고로 미국에서는 인터넷 실명제를 시행하지 않고 있다.**

위 문단의 핵심 문장은 첫 번째 문장으로서 '인터넷 실명제의 장단점', 혹은 '인터넷 실명제를 둘러싼 논란'을 짚고 있다. 그렇지만 밑줄 친 문장은 핵심 문장과 관련이 없으므로, 이 문장이 바로 이 문단의 통일성을 해치고 있다. 따라서 이 문단의 통일성을 지키려면 밑줄 친 문장을 지우면 된다.

연습문제 4

아래 문단에서 통일성을 지키려면 어떻게 해야 할지 생각해 보자.

A. 한국의 수도 서울에는 조선 시대의 고궁(古宮, ancient palace)들이 있는데, 이것들은 저마다의 특징을 가지고 있다. 경복궁은 조선 시대에 가장 먼저 지어진 궁궐로서 조선 왕궁 중에서 가장 크고 웅장한 규모를 자랑한다. 경복궁 옆에는 한국 전통 가옥이 모여 있는 북촌한옥마을도 있어서 많은 사람들이 경복궁과 함께 방문한다. 창덕궁은 경복궁이 불에 탔을 때 왕들이 지냈던 궁궐인데, 조선 시대 임금 대부분이 이 창덕궁에서 지냈던 것으로 알려져 있으며, '비원'(Secret Garden)이 아름답기로 유명하다. 덕수궁은 조선의 임금 고종이 머무르던 궁궐로서, 조선 전통의 궁궐과 서양식 건물이 함께 있다는 점이 특이하다.

B. 가습기(加濕器, humidifier)는 크게 초음파식 가습기와 가열식 가습기로 나누어진다. 초음파식 가습기(ultrasonic humidifier)는 초음파에 의해 잘게 쪼개진 물방울을 공기 중으로 보내는 가습기이다. 초음파식은 비교적 전기를 적게 사용하므로 경제적 이점이 있다. 그렇지만 초음파식은 물 안에 있는 세균을 없애지 못하므로, 그 세균이 그대로 사람의 몸 안으로 들어갈 수 있다는 문제가 있다. 가열식 가습기(steam humidifier)는 물이 끓으면 나오는 수증기를 공기 중으로 보내는 가습기이다. 이렇게 물을 직접 끓이는 가열식은 어지간한 세균 걱정 없이 사용할 수 있다는 장점이 있다. 하지만 물을 끓이는 데는 열이 필요하고 열을 만드는 데는 많은 전기가 사용되므로, 가열식은 전기 요금이 많이 발생할 수 있다는 단점도 있다. 따라서 전기 요금이 상대적으로 저렴한 초음파식을 사용해야 한다.

C. 학교 안에 외부인이 드나들 수 없도록 외부인의 출입을 막고 이를 엄격하게 통제해야 한다. 외부인들이 학교에 드나들면서 학생이나 학교에 적지 않은 피해를 주기 때문이다. 외부인이 교수를 사칭하여 학생들에게 책을 팔거나 학원을 광고하는 일이 대표적이다. 외부인들이 책상이나 컴퓨터 같은 학교 기물을 파손하는 것도 문제이다. 그렇지만 '외부인'의 범위를 어디까지로 제한할 것인지가 관건이다. 내부인을 학생, 교수, 직원과 같은 학교 구성원으로만 한정하여 그 외의 사람들은 학교에 들어올 수 없도록 한다면, 또 다른 문제가 발생하기 때문이다. 예컨대, 학교 식당에 식자재를 공급하는 업체 직원, 기숙사에 택배를 가져다주는 택배사 직원, 프린터나 컴퓨터를 고쳐주는 AS 직원 등을 모두 외부인이라 하여 학내 출입을 막아버리면, 학교 일이 제대로 돌아가지 않을 것이다. 그러므로 학내 외부인 출입을 금지하는 일은 신중하게 접근해야 한다.

더 생각하기

1. 모국어와 한국어가 문법이나 문체에서 어떻게 다른지 이야기해 보자.

2. 한국어를 배울 때 가장 어려운 문법이나 문체는 무엇인지 친구들과 이야기를 나누어 보자.

3. 한국어 문법이나 문체를 익히는 좋은 방법에 대해 친구들과 이야기해 보자.

chapter

04

다양한 글쓰기를 해보자!

chapter 04

다양한 글쓰기를 해보자!

1. 바로 써먹는 실용글 쓰기

1) 학교 이메일, 이렇게 쓰자

1-1. 이메일의 정의와 종류

① 이메일의 정의

이메일이란 영어 'electronic mail'에서 비롯된 말로서, '전자 우편'이라고 부르기도 한다. 일반적으로 이메일은 컴퓨터를 활용하여 온라인으로 주고받는 모든 편지를 뜻하는 말이다. 최근에는 스마트폰이나 태블릿처럼 컴퓨터 외에도 온라인으로 편지를 주고받는 수단도 많이 생겼는데, 이러한 것들도 모두 이메일에 포함된다.

② 이메일의 종류

이메일은 쓰는 목적에 따라 가족이나 친구, 지인 등과 안부를 주고받는 '친교용 이메일'(personal e-mail)과, 직장이나 사회에서 일을 위하여 주고받는 '업무용 이메일'(business e-mail)로 나뉜다. 최근에는 SNS가 친교용 이메일을 대신하고 있다. 반면 업무용 이메일은 여전히 많이 사용되고 있다. 이는 대학교도 마찬가지인데, 대학생이 여러 가지 목적으로 교수나 학교 직원, 혹은 다른 기관에 메일을 보낼 때가 대표적이다.

연습문제 1

아래 이메일은 친교용 이메일과 업무용 이메일 중 무엇에 해당할지 생각해 보자.

A. 학생이 성적 이의 신청을 위해 담당 교수에게 보낸 이메일.
B. 학생이 그동안의 안부를 전하기 위해 부모님에게 보낸 이메일.
C. 학생이 장학금 신청서를 내기 위해 학과 조교에게 보낸 이메일.
D. 학생이 여행 사진을 공유하기 위해 같은 전공의 동기에게 보낸 이메일.
E. 학생이 유학생 관련 규정을 문의하기 위해 학교 직원에게 보낸 이메일.
F. 학생이 출입국 사무소에 비자 관련 문제를 문의하기 위해 출입국 사무소 직원에게 보낸 이메일.

1-2. 이메일의 특징과 양식

① 이메일 특징

이메일은 온라인으로 주고받는 '편지'이므로 예로부터 써왔던 손편지의 특성을 상당 부분 공유하고 있다. 손편지에는 반드시 포함되어야 하는 일정한 양식이 있는데, 이것은 이메일도 마찬가지라는 뜻이다. 따라서 이메일은 SNS 댓글이나 온라인 쪽지(DM, Direct Message)와는 다르다. 댓글이나 쪽지에는 손편지를 쓸 때와 같은 양식이 없기 때문이다. 그래서 이메일은 댓글을 달거나 쪽지를 보내는 것처럼 작성해서는 안 된다. 최근 적지 않은 대학생들이 이메일을 댓글이나 쪽지처럼 작성하는 경우가 많은데, 이는 이메일의 개념을 잘못 알고 있기 때문이다.

② 이메일 양식

최근 이메일은 거의 업무용으로 쓰이는데, 이는 보내는 사람(sender)과 받는 사람(recipient)이 서로 공적 관계(official relationship)에 있음을 뜻한다. 따라서 업무용 이메일은 일정한 양식에 따라 작성해야 한다. 이메일은 전통적 개념의 손편지 구성을 따르므로, 이를 잘 지키면 양식에 맞는 이메일을 쓸 수 있다.

대체로 이메일은 다음과 같은 순서로 작성된다.

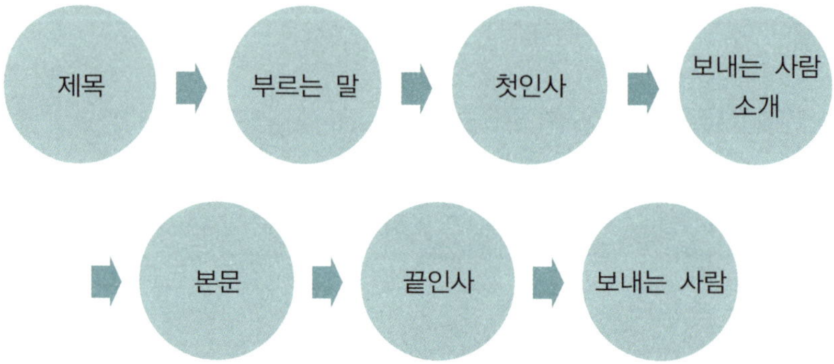

'부르는 말'부터 '보내는 사람'까지의 순서는 손편지의 구성과 똑같다. 다만 이메일에는 '제목'이 추가되었다는 점이 손편지와 다르다.

1-3. 업무용 이메일 작성 시 주의할 점

보내는 사람은 받는 사람에게 최대한 예의를 갖추어서 이메일을 써야 한다. 이것은 특히 업무용 이메일에서 더욱 중요하다. 보내는 사람과 받는 사람은 사적 관계가 아니라 공적 관계에 있기 때문이다. 사적 관계에서는 다소 느슨하고 편안하게 말하는 것이 가능하더라도, 공적 관계에서는 그렇지 않다.

업무용 이메일은 받는 사람에게 예의를 갖추기 위해 높임말을 써야 한다. 특히 공적 관계에서는 나이와 상관없이 높임말을 쓰는 것이 상식이다. 예컨대, 대학생은 교수에게 이메일을 쓸 때 높임말로 써야 한다. 이것은 학생이 교수보다 어리기 때문이 아니라, 학생과 교수는 대학에서 공적으로 만난 사이이기 때문이다. 마찬가지로 학생보다 나이가 많은 교수라고 하더라도 학생에게 예사말로 이메일을 쓸 수 없다. 이것은 사회에서 쓰는 이메일에서도 똑같이 적용된다.

연습문제 2

다음 상황에서 보내는 사람이 높임말과 예사말 중 무엇을 써야 할지 생각해 보자.

A. 회사에서 사장이 직원에게 회사 일과 관련하여 이메일을 보낼 때
B. 대학에서 총장이 다른 교수들에게 학교 입시와 관련하여 이메일을 보낼 때
C. 대학에서 학생회장이 대학생들에게 학교 축제와 관련하여 이메일을 보낼 때

업무용 이메일에서는 업무와 관계없는 신조어나 극도로 줄인 말 등을 쓰지 않도록 한다. 받는 사람이 신조어나 줄임말을 잘 몰라서 이메일 내용을 잘 이해하지 못할 수도 있기 때문이다. 다른 한편으로는 신조어나 줄임말을 쓰는 행위는 받는 사람에게 보내는 사람이 가벼워 보인다는 인상을 주기 때문이다. 이모티콘이나 이모지도 되도록 쓰지 않아야 한다. 업무용 이메일은 말 그대로 일을 위한 편지이며, 그 이메일을 받는 사람은 나와 사적 친분이 별로 없는 사람일 가능성이 높기 때문이다.

연습문제 3

다음 상황에서 보내는 사람의 이메일은 적절한지 생각해 보자.

A. 여러분이 처음 만난 교수에게 업무용 이메일을 보낼 때 '^^', 'ㅠㅠ' 등을 쓰는 것.
B. 여러분이 친한 교수에게 업무용 이메일을 보낼 때 '^^', 'ㅠㅠ' 등을 쓰는 것.

한편, 업무용 이메일은 내용도 매우 중요하다. 업무용 이메일은 보내는 사람이 받는 사람에게 무엇인가를 요청하는 내용이 대부분이다. 다시 말해, 보내는 사람은 받는 사람이 자기의 요청을 받아주었으면 하는 마음으로 이메일을 쓰는 것이다. 그러므로 보내는 사람은 받는 사람이 충분히 수용할 수 있는 내용을 이메일에 써야 한다. 그렇지 않으면 아무리 높임말을 잘 쓴다고 해도 받는 사람은 보내는 사람의 요청을 거절할 것이다.

연습문제 4

다음 상황에서 보내는 사람의 이메일이 적절한지 생각해 보자.

[학생이 교수에게 이메일을 보낼 때]
○○ 교수님, 저희 유학생들의 비자 문제를 해결해 주셨으면 합니다.

[학생이 교수에게 이메일을 보낼 때]
○○ 교수님, 어제 제출하지 못한 과제물을 이메일로 보내오니, 채점 부탁드립니다.

1-4. 이메일 작성 방법

위에서 언급했던 이메일 작성 양식을 순서대로 살펴보면 다음과 같다.

① 제목

이메일을 잘 쓰는 사람은 제목부터 간결하게 쓴다. 제목은 보내는 사람의 목적이 잘 드러나되, 깔끔하게 써야 한다. 이것은 이메일의 홍수(?) 속에서 허덕이는 받는 사람을 배려하기 위해서다. 받는 사람이 이메일 제목만 보고도 이메일 내용을 짐작할 수 있도록 쓰자. 그렇다면 받는 사람은 보내는 사람의 배려에 감사해하며 이메일을 읽을 것이다.

제목을 간결하게 쓰는 가장 쉬운 방법은, 이메일을 쓴 목적을 몇 개의 핵심어(核心語, keywords)로 요약하는 것이다. 예를 들어, 학기말에 발표된 성적에 의문이 있어서 이를 문의하고자 이메일을 쓴다면, 메일 제목은 '최종 성적 문의' 정도로 쓰면 된다는 것이다.

제목에 "안녕하세요?"와 같은 인사말을 쓰거나 너무 긴 문장을 쓰는 것은 좋지 않다. 그리고 제목을 강조한답시고 '☆, ▶, ☞' 등과 같은 기호를 쓰는 것도 곤란하다. 이러한 제목은 스팸 이메일로 분류될 가능성이 크다. 또한 제목에 아무것도 쓰지 않고 빈칸으로 두는 일도 예의에 어긋나므로 피해야 한다.

제목을 쓸 때는 대괄호 '[ ]'를 사용하여 교과목 이름이나 목적 등을 미리 표시하는 것도 좋다.

〈좋은 예〉

A. [외국인 글쓰기] 출석 관련 문의

B. [외국인 글쓰기] 최종 성적 문의

C. [문의] 외국인 글쓰기 수업 내용

〈좋지 않은 예〉

A. 출입국 사무소에 가야 해서 결석합니다.

B. ○○○ 교수님께/선생님께.

C. 안녕하세요, 교수님.

D. 출석 가능한가요?

② 부르는 말

받는 사람이 누구인지 밝히는 부분이다. 보통 받는 사람의 성명과 공식 직함 뒤에 '에게'나 '께'를 붙인다. 대학생이 담당 교수에게 이메일을 쓴다면 '○○○ 교수님께', 혹은 '○○○ 선생님께'라고 쓰면 된다. 이메일을 보낼 때 이 부분을 빠트리는 경우가 종종 있는데, 부르는 말 역시 손편지에 반드시 포함되는 양식이므로 잊지 말도록 한다.

③ 첫인사, 보내는 사람 소개

우리가 업무 때문에 사람을 만나서 이야기할 때도 인사와 소개부터 하고 말을 나누듯이, 이메일도 마찬가지이다. 인사는 "안녕하세요?"나 "안녕하십니까?"처럼 해도 되지만, 안부를 간단하게 묻는 것도 괜찮다. 보내는 사람 소개는 이메일 쓰는 사람의 소속, 성명, 공식 직함을 쓰면 된다. 가령, 대학생이 담당 교수에게 첫인사와 보내는 사람 소개를 한다면, "안녕하십니까? 저는 외국인 글쓰기 수업을 듣고 있는 □□학과의 학생 ○○○입니다." 정도가 좋다.

이때 중요한 것은 '본명'(本名, real name)을 써야 한다는 것이다. 인터넷이나 SNS에서 쓰는 별명이나 아이디는 쓸 수 없다. 대학생이라면 출석부나 학생증에 있는 자기의 성명을 쓰면 된다.

④ 본문

이메일을 쓴 목적이 나오는 부분이다. 여기에는 보내는 사람이 왜 이메일을 썼는지가 잘 드러나야 한다. 특히 업무용 이메일은 받는 사람에게 무엇인가를 부탁하는 메일이므로, 부탁하는 일이 무엇인지가 메일에 잘 나타나 있어야 한다.

어기서 꼭 기억해야 할 점은 두 가지이다. 첫째, 부탁하는 내용을 직접적으로 표현하는 것보다 간접적으로 표현해야 한다. 둘째, 부탁 내용에 관한 선택권을 받는 사람에게 넘겨주어야 한다. 이와 관련하여 아래 두 가지 예문 중 무엇이 적절할지 생각해 보자.

직접적 표현	간접적 표현
교수님, 제가 내일 출입국 사무소를 가야 해서 내일 수업에 참석하기 어렵습니다. 내일 출결은 출석으로 처리 부탁드립니다.	교수님, 제가 내일 출입국 사무소를 가야 해서 내일 수업에 참석하기 어렵습니다. 이러한 경우 출석 인정이 가능한지 문의하고자 메일을 드렸습니다.

요청하는 이메일을 쓸 때는 오른쪽처럼 간접적 표현을 사용하여, 부탁 내용에 관한 선택권을 상대방에게 넘기는 것이 일반적이다.[12)]

연습문제 5

다음은 출석 인정을 요청한 이메일에서 쓰인 문장이다. 각 문장이 적절한 표현인지 판단해 보고, 왜 그렇게 판단했는지 설명해 보자.

A. 출석으로 인정되지요?
B. 출석 인정이 되는지 궁금합니다.
C. 출결을 출석으로 처리해 주십시오.
D. 출석으로 처리해 주시면 고맙겠습니다.
E. 이러한 경우에 출석 처리가 어떻게 되는지 알려주시면 감사하겠습니다.

⑤ 끝인사

이메일을 마무리하는 인사이다. 우리가 누군가와 만나서 이야기를 나누고 헤어질 때 인사를 하는 것처럼, 이메일에도 그러한 부분이 있다. 이메일의 끝인사로는 건강, 안부 기원 등이 적절하다. 그러나 그러한 것에 익숙하지 않다면 "안녕히 계세요."나 "안녕히 계십시오." 정도만 해도 충분하다. 끝인사는 상대방에 대한 예의를 지키기 위해서라도 쓰는 것이 좋다.

〈좋은 예〉

A. 더운 여름에 건강 관리에 유의하시기를 바랍니다.
안녕히 계십시오.

B. 추운 겨울에 감기 조심하시기를 바랍니다.
안녕히 계십시오.

⑥ 보내는 사람

보내는 사람이 누구인지를 다시 한번 밝히는 부분이다. '보내는 사람 소개' 부분에서 썼던 자기 성명을 쓰고, 그 뒤에 '올림'이나 '드림'을 쓰면 된다. '올림'과 '드림'은 편지에서만 쓰는 표현인데, 이것은 다음과 같은 차이가 있다.

A. '올림': 보내는 사람의 사회적 위치가 받는 사람보다 낮을 때.
B. '드림': 보내는 사람의 사회적 위치가 받는 사람과 비슷하거나 큰 차이가 없을 때.

대학생이 교수에게 이메일을 보낸다면 '드림'을 쓸 수도 있지만 이것이 예의가 없다고 생각하는 사람도 있다. 이러한 것이 헷갈린다면, 교수에게 업무용 이메일을 보낼 때는 그냥 '올림'을 쓴다고 생각하자.[13]

⑦ 첨부파일

업무용 이메일에는 한글, 워드, 엑셀, 파워포인트 등 파일이 첨부되는 경우가 많다. 이렇게 이메일에 첨부파일을 붙일 때는 첨부파일의 이름도 간결하게 하는 것이 좋다. 첨부파일 이름도 이메일 제목을 쓰는 것과 비슷하다. 첨부파일 이름은 첨부파일 내용이 잘 드러나게 핵심어 위주로 쓰면 된다. 예컨대, 학생이 질문할 문제를 교수에게 첨부하여 보낸다면, 그 파일명은 '○○과목 □□ 질문' 정도면 된다.

학생이 교수에게 과제물이나 증빙 서류를 이메일로 제출할 수도 있다. 이때는 학생 이름과 학번이 파일 이름에 들어가는 것이 좋다. 아래 예시를 보자.

- 교수에게 공결 처리를 위한 증빙 서류를 첨부할 때
  - A. 홍길동 2025123456 ○월 ○일 공결 증빙 서류
  - B. ○월 ○일 공결 증빙 서류 홍길동 2025123456

- 교수에게 과제물 파일을 첨부할 때
  - A. 홍길동 2025123456 글쓰기 ○○과제
  - B. 글쓰기 ○○ 과제 홍길동 2025123456

즉, 첨부파일 이름은 받는 사람이 곧바로 알 수 있도록 만드는 것이 좋다. 다시 말해 받는 사람이 일일이 첨부파일을 열어서 확인하지 않더라도, 그 파일 내용이 무엇인지 알 수 있도록 파일 이름을 만들어야 한다는 것이다. 단, 그렇다고 하여 파일 이름을 너무 길게 만드는 것은 권하지 않는다. 파일 이름이 길어지면 오히려 파일 이름을 한눈에 보기 어렵기 때문이다.

연습문제 6

아래는 학생이 교수에게 보낸 이메일이다. 아래 이메일 중에서 적절하지 못한 부분을 찾아보자. 그리고 그것이 적절하지 못한 이유를 생각해 보자.

A.
제목:

안녕하십니까? 교수님.
저는 ㅇㅇ과에서 공부하고 있는 ㅇㅇㅇㅇ(2025123456)이라고 합니다.
오늘 출입국 사무소에 가서 비자 연장해야 되기 때문에
수업에 들어가지 못할 것 같습니다.

ㅇㅇㅇㅇ 드림.

B.
제목: 출석 인정이 됩니까?

안녕하세요?
저는 ㅇㅇ과에서 공부하는 ㅇㅇㅇㅇ(2025123456)입니다.
오늘(10/24) 출입국사무소에 가서 비자를 연장해야 해서 수업에 들어올 수 없습니다. 출석 인정이 가능합니까?
감사합니다.

C.
제목: [글쓰기] 출결 관련 문의입니다.

ㅁㅁ 교수님께.

안녕하세요?
교수님의 ㅇㅇ 과목을 듣는 ㅇㅇㅇㅇ(2025123456)입니다.
제 비자 기한이 다 되어서 출입국사무소로 가서 비자를 연장해야 하는 상황입니다.
그래서 이번 수업은 빠지게 될 것 같습니다.
혹시 출석 인정이 되는지 여쭙고자 메일을 드렸습니다.
빠른 답변 부탁합니다.
안녕히 계십시오.

ㅇㅇㅇㅇ 올림.

2) 나를 잘 보여주는 자기소개서 쓰기

2-1. 자기소개서의 정의와 종류

① 자기소개서 정의

자기소개서란 목적이나 필요에 따라 자기와 관련한 여러 가지 요소를 다른 사람에게 적절히 전달하는 글이다. 자기 자신을 다른 사람에게 소개할 만한 요소는 매우 다양하다. 예를 들어, 자기 이름이나 나이, 취미, 경험, 가치관 등은 물론이고, 자기가 잘하는 것이나 관심이 있는 영역, 심지어 자기가 잘하지 못하거나 싫어하는 것 등까지도 다른 사람에게 소개할 수 있다. 그렇지만 이 모든 요소를 한꺼번에 다 다루어야 하는 것은 아니다. 자기소개서에도 종류가 있는데, 이 종류에 따라서 자기소개서에서 다루어야 할 요소는 달라지기 때문이다.

② 자기소개서 종류

자기소개서는 무슨 목적으로 쓰느냐에 따라 여러 가지 종류로 나뉜다. 자기소개서 중에서 가장 많이 쓰는 것이 직장에 취직하기 위해서 쓰는 '취업 목적 자기소개서'이다. 여러 직장에서 사람을 뽑을 때는 자기소개서를 요구하는 경우가 대부분이기 때문이다.

그렇지만 대학생이 학교에서 가장 많이 쓰게 되는 것은 대학원 진학이나 장학금 신청을 위한 자기소개서일 것이다. 대학원에 지원할 때나 장학금을 신청할 때 자기소개서가 필요한 일이 많기 때문이다. 여기에서는 대학원 입학에 필요한 자기소개서를 중심으로 설명해 보겠다.

2-2. 자기소개서 작성 목적과 작성 시 주의할 점

① 자기소개서 작성 목적

'자기소개서'라는 이름 때문에 이를 오해하는 사람이 적지 않은데, 자기소개서는 단순히 '자기 자신을 남에게 알리는 것'만을 목적으로 쓰는 글이 아니다. 자기소개서는 지원자가 취업이나 입시, 장학금 신청 등을 목적으로 쓰는 글이다. 그래서 자기소개서를 읽는 사람은 지원자가 취업이나 입시에 적합한지, 혹은 장학금을 탈 만한 사람인지를 판단하는 시험관, 혹은 면접관이 된다. 그러므로 자기소개서는 단순히 본인을 '소개하는 글'이 아니라, 본인을 뽑을지 말지 결정하는 사람에게 본인을 '어필(appeal)하는 글'에 해당한다.

② 자기소개서 작성 시 주의할 점

자기소개서를 쓸 때 기억해야 할 사항들을 몇 가지 알아보자.

첫째, 자기소개서는 독자를 설득하는 글쓰기이다. 결국 자기소개서는 지원자를 뽑는 사람이 지원자 본인을 선택하도록 만드는 글이다. 그러므로 지원자는 자기가 뽑혀야 하는 이유를 논리적이고 체계적으로 제시해야 한다. 예를 들어, 취업 목적 자기소개서라면 지원자는 본인의 능력이 회사에 어떻게 도움이 되는지를 구체적으로 설명하면 된다. 더불어 지원자가 회사와 관련된 일을 했던 경험을 알리는 것도 좋다.

둘째, 그렇다고 자기소개서를 과장해서 쓰면 안 된다. 지원자가 뽑는 사람을 잘 설득하는 것까지는 좋으나, 그렇다고 없는 말까지 지어내면서 글을 쓰는 것은 옳지 못하다. 이것은 거짓말로 이어지는 경우가 많기 때문이다. 취업 목적 자기소개서에서 본인이 해보지도 않은 경력을 적거나, 다니지도 않은 학교나 직장을 다녔다고 적는 것이 대표 사례이다. 당연히 이러한 행위는 윤리적으로 옳지 못하다. 이러한 과장이 거짓으로 밝혀진다면 취직이나 장학금 당첨이 취소되는 것은 물론, 법적 처벌까지도 받을 수 있다.

셋째, 자기소개서는 주어진 질문에 맞추어 작성해야 한다. 예컨대 취업 목적 자기소개서라면 입사 후 포부와 앞으로의 계획, 직무 능력이나 자기 경력, 성격과 장단점, 문제 해결 능력, 업무에 관한 열정 등을 묻게 된다. 이러한 질문에는 뽑는 사람의 의도가 담겨 있으므로 지원자는 질문에 맞추어 적절한 답변을 해야 하며, 질문과 관계없는 내용은 적지 않는 것이 좋다. 물론 정해진 질문이 없는 자기소개서도 있지만 이때도 뽑는 사람의 의도를 예상하여 그에 걸맞은 답을 작성해야 할 것이다.

넷째, 자기소개서 역시 문법적으로나 규범적으로 올바르게 써야 한다. 자기소개서도 글쓰기의 한 종류이므로 올바른 문장으로 써야 한다. 만약 자기소개서에서 문장을 어색하게 쓰거나 띄어쓰기를 비롯한 맞춤법을 지키지 않으면, 독자에게 좋지 않은 인상을 주게 된다. 자기소개서를 읽는 사람은 바로 지원자를 '뽑는 사람'이므로, 뽑는 사람에게 좋은 인상을 주고 싶다면 당연히 문장을 올바르게 써야 할 것이다.

'대학원 입학을 위한 자기소개서' 쓰기를 통해 이를 연습해 보자.

2-3. 자기소개서 양식과 분량

① 자기소개서 양식

대학원마다 조금씩 다르기는 하지만 대학원 입학을 위한 자기소개서에 들어가는 내용은 대부분 비슷하다. 아래에 대표 양식을 하나 제시해 보겠다. 대학원 입학을 위한 자기소개서 양식은 대체로 다음 두 가지 중 하나이다.

▼ 항목별로 질문이 있는 양식

자기소개서	
지원자 이름, 학력, 전공	지원하는 학과/전공
본교 ○○ 대학원에 지원한 동기는 무엇인가요? (○○자 이내로 기술) 지원한 전공과 관련하여 어떤 일을 하였나요? (○○자 이내로 기술) 대학원에 입학하면 무엇을 공부할 계획인가요? (○○자 이내로 기술)	

이 양식은 질문을 구체적으로 제시하되 각 질문에 관한 분량을 따로 제시하고 있다. 따라서 지원자는 주어진 질문과 분량에 맞게 답변을 작성하면 된다. 이러한 방식으로 되어 있는 자기소개서는 질문과 분량이 모두 정해져 있으므로, 오히려 지원자가 수월하게 작성할 수 있는 장점이 있다.

▼ 하나로 합쳐진 양식

자기소개서	
지원자 이름, 학력, 전공	지원하는 학과/전공
(지원 동기, 관련 경력, 연구 계획 등을 기술. ○○자 이내로 작성.)	

이 양식은 질문이 하나로 뭉뚱그려져 있으며 자기소개서 전체 분량만 제시되어 있다. 그렇지만 질문은 크게 네 가지로서, 이 내용은 처음 양식에서 묻는

것과 다르지 않다. 따라서 지원자는 각각의 질문에 대하여 비슷한 분량으로 작성하되, 각 분량의 합이 전체 글자 수를 넘지 않도록 하면 된다. 예를 들어 전체 분량이 1,500자라고 하면, '지원 동기', '관련 경력', '연구 계획'을 각각 500자 정도로 계산하고 쓰면 된다.

② 자기소개서 분량

대학원 입학을 위한 자기소개서에 들어가는 내용은 대체로 위의 양식에서 크게 벗어나지 않는다. 다만 분량은 대학교나 학과마다 차이가 있다. 어떤 대학원에서는 분량을 '○○자', '○○bytes' 등 항목마다 구체적으로 적어두는가 하면, 다른 대학원에서는 분량을 'A4 용지 ○○장 이내로 기술' 정도로 하여 다소 느슨하게 두기도 한다. 드물지만 정해진 분량이 아예 없는 대학원도 있다.

분량이 정해져 있다면 반드시 정해진 분량에 맞추어 작성해야 한다. 정해진 분량보다 내용이 너무 적으면 대충 쓴 것으로 보이고, 정해진 분량보다 내용이 너무 많으면 이는 규칙을 무시한 것으로 보이기 때문이다. 두 가지 중 어떤 경우라도 뽑는 사람에게는 좋게 보이지 않으므로 주의해야 한다.

자기소개서 분량이 정해지지 않은 경우도 있는데, 이렇게 분량이 정해지지 않았다고 해서 분량을 마음대로 하면 곤란하다. 자기소개서에 들어가는 '지원 동기', '관련 경력', '연구 계획', '졸업 후 계획'은 각각의 양을 비슷하게 써야 한다는 점을 기억하자. 예컨대, 지원 동기를 300자 정도 썼다면 그 외 나머지 관련 경력이나 연구 계획, 졸업 후 계획도 300자 정도로 쓰는 것이 좋다.

2-4. 자기소개서 작성 방법

① 지원자의 기본 정보

여기서 가장 중요한 정보는 지원자의 학력과 전공이다. 대체로 대학교 전공이 대학원 전공과 같거나 비슷한 경우가 많지만, 비교적 최근부터는 그렇지 않은 경우도 제법 많이 생기고 있다. 만약 대학교 전공과 대학원 전공이 너무 다르다면, 지원자는 이렇게 전공이 바뀐 이유를 '지원 동기' 등의 부분에서 설득력 있게 글로 써야 할 것이다.

② 지원 동기

'지원 동기'는 지원자가 해당 대학원 전공을 지원한 이유나 계기를 쓰는 영역이다. 이 부분은 크게 두 가지로 나뉜다. 하나는 대학원 전공이 대학교와 똑같은 경우이고, 다른 하나는 대학원 전공이 대학교와 다른 경우이다. 첫 번째 경우는 비교적 무난하게 글을 쓸 수 있다. 대학교 전공을 대학원에서 더욱 발전 · 심화시키겠다는 내용을 담을 수 있기 때문이다. 그렇지만 두 번째 경우에는 적지 않는 설명이 필요하며, 이것이 설득력 있어야 한다. 다시 말해, 두 번째 경우는 전공이 아예 바뀌는 것이므로, 전공을 바꾸면서까지 대학원에서 공부해야 하는 이유가 무엇인지, 그것이 지원자에게 어떠한 도움이 되었는지, 나아가 대학원 생활에 문제가 없을 것인지 등이 효과적으로 드러나야 한다는 것이다.

한편, 유학생이라면 학과나 전공 외에도 '○○ 대학교를 선택한 이유'까지 포함하면 좋다. 즉, 유학생 본인이 왜 한국의 ○○ 대학교 대학원에 진학하려 하는지, 그 대학교를 선택한 이유가 무엇인지 등을 구체적으로 말하는 것이 필요하다는 것이다. 한국에서 대학교를 마치고 한국 대학원에 진학하는 내국인과 달리, 자국에서 대학교를 마친 채 한국의 대학원부터 입학하는 유학생도 적지 않기 때문이다.

예시 1 ▷

지원 동기는 대체로 아래와 같이 표현된다.

A. 저는 ~한 목표를 달성하기 위해 ~에 지원하였습니다.

B. ㅇㅇ 대학원은 ~에 대한 학문적 성취를 충분히 이룬 것으로 평가받기에 지원하였습니다.

C. 대학생 때 ㅁㅁ 교수님의 △△강의를 들으며 ~을 더욱 깊게 연구하고 싶다고 생각했습니다. 이에 ㅇㅇ 대학원에 지원하였습니다.

D. 자기가 가장 좋아하는 학문을 꾸준히 하는 것이 중요하다고 생각합니다. ㅇㅇ 대학원에서 그러한 꿈을 이룰 수 있을 것이라 생각하여 지원하였습니다.

연습문제 1 ▷

내가 쓸 수 있는 지원 동기는 무엇인지 각자 생각해 보자.

-
-
-
-

③ 관련 경력

'관련 경력'은 지원 동기와 관련한 지원자의 경험을 쓰는 부분이다. 여기에서 '학력'을 다시 언급할 필요는 없다. 지원자의 대학교 학력은 지원자 기본 정보 영역이나 지원 동기 등에서 이미 밝혔기 때문이다. 따라서 관련 경력에서는 학력 외에 지원하는 전공과 관련한 경험을 작성해야 한다. 여기에는 지원자의 다양한 경험이 포함될 수 있다. 학생회나 동아리 활동, 교환 학생이나 유학 경험, 봉사활동이나 인턴 경험, 각종 수상 경력, 각종 언어 능력 시험 등급(TOPIK, TOEIC, TEPS, HSK 등), 자격증 등이 모두 여기에 해당한다.

이 영역에서는 지원하는 전공에 해당하는 경력 위주로 쓰는 것이 좋다. 지원하는 전공과 별로 관련이 없는 경력을 작성한다면, 이것은 오히려 지원자에게 이롭지 않게 작용한다. 만약 지원자 본인이 내세울 만한 특별한 경력이 없다면, 이 부분을 아예 쓰지 않는 것도 하나의 방법이다. 억지로 무엇인가를 만들어 내려고 하다 보면 과장을 하거나 거짓을 말하게 되기 때문이다.

그리고 유학생은 본인의 한국어 능력이나 한국 문화에 대한 이해도가 충분하다는 점도 강조할 필요가 있다. 최근에는 영어로 특정 과목을 진행하는 대학원도 늘고 있지만, 여전히 한국 대학원에서는 대부분 한국어로 강의와 발표, 글쓰기가 이루어지고 있다. 수업하는 교수 역시 한국인이 많다는 점도 기억해 두자. 즉, 대학원에서 수업을 이끄는 교수는 수강생이 될 유학생의 한국어 실력은 물론, 그 유학생이 한국 문화에 익숙해질 수 있을지를 중요하게 생각한다는 것이다. 따라서 유학생은 본인의 한국어 능력을 객관적으로 입증할 만한 경력을 쓰고, 한국 문화를 잘 이해하고 있으며 한국 대학원에 잘 적응할 수 있다는 점을 어필할 필요가 있다.

예시 2 ▷

관련 경력은 대체로 다음과 같이 쓸 수 있다.

A. 한국어 능력을 향상하기 위하여 ~을 하였으며, ~도 열심히 하였습니다.

B. 한국어능력시험에서 ㅇ급을 받을 만큼 한국어를 꾸준히 학습해 왔습니다.

C. 대학교 전공 교과목 성적에서 상위 ㅇ%에 들었는데, 이를 통해 저의 전공에 대한 이해도는 잘 갖추어졌다고 생각합니다.

D. 한국의 대학교에 입학하기 전부터 오랜 기간 한국에서 어학연수를 함으로써 한국어와 한국 문화를 잘 이해하게 되었습니다.

E. ㅇㅇ 동아리 활동을 하면서 다양한 한국인 친구와 어울릴 수 있었고, 그 과정에서 한국의 대학 생활을 이해할 수 있었습니다.

F. 대학에 들어오기 전부터 ㅇㅇ에 많은 관심이 있었으며 ㅇㅇ 공부에 많은 시간을 투자해 왔습니다. 그 결과 대학교 ×학년 때 □□대회에서 우수한 성적으로 입상하여 ㅇㅇ에 대한 능력을 입증한 바 있습니다.

연습문제 2

내가 쓸 수 있는 관련 경력은 무엇인지 각자 생각해 보자.

-
-
-
-

④ 학업 계획

'학업 계획'은 대학원생이 되었을 때 하고 싶은 공부가 무엇인지, 그 공부를 어떻게 할 것인지 등을 작성하는 영역이다. 대학원에서 하는 공부는 일반적으로 대학원생의 연구를 가리키므로, 학업 계획은 다른 말로 '연구 계획'이라고 부르기도 한다.[14]

학업 계획을 쓸 때 다음과 같은 사항을 기억해야 한다. 첫째, 지원자 본인이 하고 싶은 연구가 지원하는 대학원 전공과 일치해야 한다는 것이다. 지원자를 뽑는 대학원 교수는 본인의 학과 전공에 관한 전문가이다. 그리고 대학원에는 이러한 교수들이 분야별로 여러 명 있다. 그런데 지원자가 연구하려고 하는 주제가 대학원 전공과 관련이 없다면 이러한 학업 계획은 좋은 평가를 받지 못한다. 다시 말해 그 전공 분야와 크게 관련이 없는 학문을 연구하겠다고 말하는 일은 지원자에게 별로 도움이 되지 않는다.

둘째, 지원자가 쓰는 학업 계획은 말 그대로 '계획'에 불과하다는 것이다. 많은 지원자가 고민하는 것 중 하나가, "학업 계획은 학위 논문 주제여야 하는가?"이다. 물론 학업 계획에 쓴 연구 내용이 나중에 본인의 학위 논문 주제가 될 수도 있다. 그렇지만 학문의 연구 영역은 생각보다 훨씬 넓고 깊다. 대학원에서 연구하다 보면 여러 주제를 고민하게 된다. 그러한 주제 중에는 자기가 학업 계획에 썼던 것도 있겠지만, 그렇지 않은 경우가 훨씬 많다. 또한 학위 논문 주제는 본인의 지도교수와 상의하여 정하는 경우가 많으므로, 학업 계획에서부터 학위 논문 주제를 꺼낼 필요는 없다.

그러므로 학업 계획에서는 연구자의 자세를 보이는 것이 중요하다. 다시 말해 지원자가 해당 전공에 관해 얼마나 알고 있는지, 지원학과에서 연구하는 분야에는 무엇이 있는지, 최근 연구 경향을 어느 정도 알고 있는지 등을 보여야 한다.

예시 3 ▷

학업 계획은 대체로 다음과 같이 쓸 수 있다.

A. 연구 주제를 분명하게 제시한다.

예: 본인은 ㅇㅇ을 연구하고자 합니다.
본인은 ㅇㅇ에 많은 관심을 두고 있습니다.
본인은 대학원에서 ㅇㅇ을 연구하고 싶습니다.

B. 해당 연구 주제를 선택한 이유를 제시한다.

예: ○○은 □□에서 가장 기초 영역이기 때문입니다.

○○은 최근 학계에서 많은 관심을 받고 있는 △△과 관련되기 때문입니다.

△△ 학문에서는 □□를 매우 중요하게 다루고 있는데, 그중 ○○가 □□의 중요한 부분이기 때문입니다.

연습문제 3

내가 쓸 수 있는 학업 계획은 무엇인지 각자 생각해 보자.

-
-
-
-

연습문제 4

아래 양식에 맞추어 대학원 입학을 위한 자기소개서를 작성해 보자.

자기소개서	
지원자 이름, 학력, 전공	지원하는 학과/전공
A. 본교 ○○ 대학원에 지원한 동기는 무엇인가요? (300자 이내로 기술)	
B. 지원한 전공과 관련하여 어떤 일을 하였나요? (300자 이내로 기술)	
C. 대학원에 입학하면 무엇을 공부할 계획인가요? (300자 이내로 기술)	

2. 생각을 잘 정리하는 분석글 쓰기

1) 핵심만 담는 요약의 기술

1-1. 요약의 정의와 요약할 때 주의할 점

① 요약의 정의

요약(要約, summarization)이란 길고 복잡한 글을 짧고 간결하게 정리하여 그 글의 중심 내용만 전달하는 글쓰기이다. 그러나 요약은 단순히 글의 분량을 줄이는 것만을 뜻하지 않는다. 요약에서 가장 중요한 것은 본래의 글을 잘 이해했는지, 그리고 본래의 글을 그대로 베끼지 않고 자기 언어로 잘 표현했는지이다.

② 요약할 때 주의할 점

요약은 글의 분량을 잘 줄이는 것이 중요하지만, 본래의 글을 잘 이해하고 요약했는지도 중요하다. 본래의 글을 잘 이해하지 못한 상태에서 글을 요약한다면 이는 제대로 된 요약이라 할 수 없다. 더불어, 중심 내용을 본래 글의 의도와 다르게 정리한다면 이것은 요약이 아니라 왜곡(歪曲, distortion)이 되므로 주의해야 한다.

요약은 요약하는 사람이 자기의 언어로 요약해야 한다. 본래의 글에 나오는 문장이나 표현을 그대로 사용할 수도 있지만, 이를 효과적으로 압축하고 정리하여 요약자가 알고 있는 문장이나 표현으로 바꾸라는 것이다. 그래서 요약에서는 본래의 글을 잘 이해하는 것이 중요하다. 요약자가 본래의 글을 잘 이해하면 요약자가 알고 있는 쉬운 용어나 표현을 사용하여 요약할 수 있기 때문이다.

1-2. 요약의 필요성, 그리고 글쓰기 윤리

① 요약의 필요성

그렇다면 요약이 필요한 이유는 무엇인가? 여기에는 몇 가지 이유가 있다.

첫째, 요약은 자료를 쉽고 빠르게 활용하는 데 필요하다. 우리가 학술글을 쓸 때는 여러 자료를 활용한다. 그런데 한꺼번에 많은 자료를 어떠한 기준이나 순서 없이 나열해 두고 글을 쓴다면 오히려 글쓰기가 어려워진다. 우리가 찾은 자료가 모두 똑같은 가치를 지니는 것은 아니기 때문이다. 따라서 자료를 정리할 때는 중요한 자료와 그렇지 않은 자료를 나누고, 선택한 자료에서 사용해야 할 부분을 미리 정리해야 한다. 여기서 필요한 것이 바로 요약이다. 자료를 수집하면서 그 자료를 미리 요약해 놓으면 나중에 자료를 정리하기도 쉽고 시간도 절약할 수 있다. 요약만 잘해도 과제물 작성에서 시간을 많이 절약할 수 있다.

둘째, 요약은 사고력 향상에도 도움이 된다. 요약은 다른 사람의 글을 잘 읽고, 이를 본인이 자기의 말로 줄이는 글쓰기이다. 타인의 글을 잘 이해하는 것 자체가 이미 요약하는 사람의 사고력 향상에 많은 도움을 준다. 또한, 타인의 생각을 본인의 언어로 바꾸는 것은, 타인의 생각을 분석하여 이를 논리적으로 재조립하는 과정에 해당한다. 이처럼 요약은 요약하는 사람의 논리적 사고력을 높이는 효과도 있다.

셋째, 요약은 긴 글을 짧게 줄이는 것이기 때문에 분량 조절을 위해서도 필요하다. 학술글을 비롯한 대학교 과제 대부분은 정해진 분량에 따라 글을 써야 한다. 그리고 보통 이러한 분량은 과제물 채점 기준의 하나로 쓰일 만큼 중요한 부분이다. 따라서 여러 자료를 활용하거나, 양이 많은 자료를 인용할 때는 정해진 분량에 따라 그 자료의 양을 적절히 조절해야 한다. 요약에 익숙하게 되면 과제물에 사용할 자료의 분량을 자유롭게 조절할 수 있으므로, 과제물을 훨씬 수월하게 작성할 수 있다.

끝으로 요약은 글쓰기 윤리를 지키기 위해서도 꼭 필요하다. 여기에 관해서는 아래에서 조금 더 자세하게 설명한다.

② 요약하기와 글쓰기 윤리

'표절'은 글쓰기 윤리를 어긴 대표 행위 중 하나인데, 요약은 바로 이 표절을 막는 방법에 해당한다. 요약은 타인의 표현을 그대로 가져다 쓴 것이 아니라 타인의 표현을 필자 본인의 언어로 바꾼 것이기 때문이다. 그러므로 요약에 정확한 출처 표시가 더해진다면, 그것은 '표절'이 아니라 '적절한 자료 활용'이 된다.

그렇지만 대학생 학술글에서는 생각보다 이러한 글쓰기 윤리가 잘 지켜지지 않는다. 아래에서 한 가지 상황을 들어보자.

> A. 아르미는 한 문단으로 된 학술글을 쓰려고 한다. 아르미는 이 문단의 핵심 문장을 "지구온난화는 인간의 건강을 직접적으로 위협한다."로 썼다. 더불어 아르미는 이를 뒷받침하는 자료도 이미 찾았다. 그것은 아래와 같은 '홍길동' 박사의 '2025년 논문'의 일부였다.
>
> 지구온난화로 인한 가장 큰 변화는 여름철 평균 기온이 급격히 상승했다는 점이다. 지난 24년 한국의 전국 평균 기온 25.6℃였는데, 이 수치는 1973년 기상관측 이후 역대 1위였다. 열대야 일수도 평균보다 무려 13.7일이나 많은 20.2일로 역대 1위였다. 이에 따라 열사병과 같은 온열질환을 앓는 사람이 지난해보다 31.4%나 증가했으며, 온열질환으로 인한 사망자 역시 지난해보다 6.3% 증가하였다. 이러한 수치는 지구온난화가 인간의 삶에 직접 영향을 준다는 사실을 잘 보여준다.

B. 그래서 아르미는 다음과 같이 문단을 작성했다. (밑줄은 아르미가 직접 쓴 문장이다.)

<u>지구온난화는 인간의 건강을 직접적으로 위협한다.</u> 지구온난화로 인한 가장 큰 변화는 여름철 평균 기온이 급격히 상승했다는 점이다. 지난 24년 한국의 전국 평균 기온 25.6℃였는데, 이 수치는 1973년 기상관측 이후 역대 1위였다. 열대야 일수도 평균보다 무려 13.7일이나 많은 20.2일로 역대 1위였다. 이에 따라 열사병과 같은 온열질환을 앓는 사람이 지난해보다 31.4%나 증가했으며, 온열질환으로 인한 사망자 역시 지난해보다 6.3% 증가하였다. 이러한 수치는 지구온난화가 인간의 삶에 직접 영향을 준다는 사실을 잘 보여준다.

B에서 아르미가 쓴 문단은 올바른 것일까? 유감스럽게도 이 문단은 글쓰기 윤리를 어긴 문단이다. 핵심 문장을 제외한 나머지 부분은 모두 홍길동(2025)와 완벽히 똑같은, 표절이기 때문이다.

그렇다면 다음 사례를 살펴보자.

C. 아르미는 표절을 피하려고 다음과 같이 출처를 달았다. (밑줄은 아르미가 직접 쓴 문장이다.)

<u>지구온난화는 인간의 건강을 직접적으로 위협한다.</u> 지구온난화로 인한 가장 큰 변화는 여름철 평균 기온이 급격히 상승했다는 점이다. 지난 24년 한국의 전국 평균 기온 25.6℃였는데, 이 수치는 1973년 기상관측 이후 역대 1위였다. 열대야 일수도 평균보다 무려 13.7일이나 많은 20.2일로 역대 1위였다. 이에 따라 열사병과 같은 온열질환을 앓는 사람이 지난해보다 31.4%나 증가했으며, 온열질환으로 인한 사망자 역시 지난해보다 6.3% 증가하였다. 이러한 수치는 지구온난화가 인간의 삶에 직접 영향을 준다는 사실을 잘 보여준다(홍길동, 2025).

그렇지만 C도 표절이다. 우리가 글쓰기 윤리의 표절 부분에서 살펴본 것처럼, 타인의 글이 자기 글에서 상당한 비중을 차지한다면 그때는 출처 표기와 무관하게 표절로 처리되기 때문이다. 두 번째 사례는 출처만 표시되어 있을 뿐, 여전히 핵심 문장을 제외한 나머지 부분은 필자가 직접 쓴 글이 아니다.

그런데 유학생 학술글에는 첫 번째 사례와 두 번째 사례가 상당히 높은 비율로 확인된다. 그중에서도 특히 두 번째 사례에 해당하는 경우가 많다. 이는 출처 표시만 제대로 하면 표절을 피할 수 있다고 오해했기 때문이다.

타인의 자료를 활용할 때는 출처 표시는 물론, 요약도 해야 한다. 예를 들면 다음과 같다.

> D. 밑줄은 아르미가 직접 쓴 문장이지만, 나머지는 아르미가 자료를 요약한 것이다.
>
> 지구온난화는 인간의 건강을 직접적으로 위협한다. 홍길동(2025)에 의하면, 지구온난화가 여름철 평균 기온을 급격히 상승시키며, 이에 따라 온열질환에 걸린 사람이나 온열질환으로 사망한 사람이 급증하였다고 한다.[요약: 인용한 부분] 이를 통해 지구온난화는 더 이상 방관하기 어려운 문제라는 사실을 알 수 있다.
>
> E. 밑줄은 아르미가 직접 쓴 문장이지만, 나머지는 아르미가 자료를 요약한 것이다.
>
> 지구온난화는 인간의 건강을 직접적으로 위협한다. 지구온난화는 여름철 평균 기온을 급격히 상승시키는데, 이에 따라 온열질환에 걸린 사람이나 온열질환으로 사망한 사람이 급증하였기 때문이다(홍길동, 2025).[요약: 인용한 부분] 이를 통해 지구온난화는 더 이상 방관하기 어려운 문제라는 사실을 알 수 있다.

1-3. 요약하는 방법

요약은 '선택하기, 삭제하기, 대체하기'가 거의 동시에 이루어진다. 이 각각의 과정을 순서대로 하나씩 알아보자.

'선택하기'(選擇, Selection)란 본래 글에서 가장 중요하고 핵심인 내용을 고르는 것을 뜻한다. 선택하는 방법 자체는 매우 간단하다. 요약할 글을 읽다가 중요하게 생각되는 부분, 반드시 남겨야 할 부분이 있으면, 여기에 밑줄이나 동그라미로 표시하는 것이다. 즉, 선택하기란 글에서 어떤 부분이 가장 중요한지, 무엇을 남겨야 하는지를 요약자가 정하는 과정이다. 그러므로 이 과정에서 요약자는 본래 글을 정확히 이해하고 다음 단계로 넘어가야 한다.

'삭제하기'(削除, Deletion)란 말 그대로 본래 글에서 덜 중요한 내용을 지우는 것이다. 이미 선택하기에서 남겨야 할 부분을 정했다면, 그 외의 부분은 선택된 부분보다 상대적으로 중요하지 않은 내용이다. 가령, 주장을 뒷받침하는 구체적 근거나 예시가 여기에 포함된다. 또한 '이, 그, 저'를 포함한 지시 표현이나, '그러나, 그러므로, 다시 말해' 등과 같은 접속 표현들도 대체로 삭제의 대상이 된다. 그리고 삭제하기 단계에서는 본래 글에 나타나는 문장의 순서가 바뀌기도 한다. 본래 글에 있던 문장이나 표현이 사라지므로, 이를 자연스럽게 만들기 위해 문장을 재조립(再組立, Reassembly)해야 하기 때문이다.

'대체하기'(代替, Replacement)란 복잡한 표현을 간단한 표현으로 바꾸는 것을 의미한다. 학술글에는 여러 가지 구체적이고 어려운 표현이 많이 등장하는데, 이러한 것을 한눈에 금방 알아볼 수 있도록 쉽게 바꾸어야 한다는 것이다. 복잡한 표현이 여러 개 나오는데 이들을 하나의 개념으로 묶어서 표현하는 것도 여기에 포함되며, 일반인이 이해하기 어려운 전문 용어를 쉬운 말로 바꾸는 것도 여기에 해당한다.

아래의 예를 통해 이 세 가지 과정을 순서대로 진행해 보자.

A. 기업은 생산성을 높이기 위하여 근무 시간을 조절하거나 근무 인력을 재배치하며, 나아가 로봇을 활용한 자동화 시스템을 도입하는 방안까지 마련하였다.

선택하기:

기업은 생산성을 높이기 위하여 근무 시간을 조절하거나 근무 인력을 재배치하며, 나아가 로봇을 활용한 자동화 시스템을 도입하는 방안까지 마련하였다.

삭제하기:

기업은 생산성을 높이기 위하여 근무 시간을 조절하고, 인력을 재배치하였으며, 자동화를 도입하였다.

대체하기:

- 기업은 생산성을 높이기 위하여 업무 효율화 방안을 마련하였다.
- 기업은 생산성 향상을 위하여 업무 효율화 방안을 마련하였다.

B. 앞으로는 태양이나 바람, 파도 등에서 나오는 에너지를 활용해야 한다. 이러한 에너지는 생산 과정에서 탄소를 거의 배출하지 않으므로 환경 오염을 줄일 수 있기 때문이다.

선택하기:

앞으로는 태양이나 바람, 파도 등에서 나오는 에너지를 활용해야 한다. 이러한 에너지는 생산 과정에서 탄소를 거의 배출하지 않으므로 환경 오염을 줄일 수 있기 때문이다.

삭제하기:

환경 오염을 줄이기 위해서는 탄소를 배출하지 않는 태양, 바람, 파도 등에서 나오는 에너지를 활용해야 한다.

대체하기:

환경 오염을 줄이기 위해서는 탄소를 배출하지 않는 재생 가능 에너지를 활용해야 한다.

삭제하기만 적용된 것도 요약이고, 삭제하기에 대체하기까지 적용된 것도 요약이다.

연습문제

다음 문단을 요약하기 방법에 따라 요약해 보자.

A. 2024년 여름, 한국의 여름철 평균 기온이 과거 30년보다 1.9℃ 더 높았다. 당시에는 냉방기기의 수요가 급증하였으며 이에 따라 전기 사용량 역시 급증하였다.

B. 반려동물은 또 하나의 가족이자 소중한 생명이기 때문에, 이를 끝까지 책임지고 돌볼 각오가 필요하다. 다시 말해, 반려동물은 그냥 가벼운 마음으로 키워서는 안 된다는 뜻이다.

C. 잠을 푹 자면 몸에 쌓인 피로도 금방 풀리고 스트레스도 많이 줄어들지만, 잠이 부족해지면 몸이 쉽게 회복되지 않으므로 신체적으로나 정신적으로 어려움을 겪게 된다. 따라서 우리가 앞으로 건강을 유지하려면 잠부터 충분히 자야 한다.

D. 사람들 간의 접촉을 줄이면 바이러스 전파를 억제할 수 있다. 이는 특히 사스(SARS)나 코로나19(COVID-19)처럼 전염성이 강한 바이러스를 막는 데 효과적이다. 따라서 사회적 거리두기(Social distancing)를 실시하면 전염병이 급격히 퍼질 가능성을 크게 줄일 수 있다.

E. 아침에 하는 가벼운 산책은 정신 건강에 도움이 되는데, 이것은 특히 '세로토닌'이라는 호르몬 덕분이다. 세로토닌은 아침 운동을 통해서 활성화되며, 이것은 사람에게 상쾌함과 행복감을 준다. 또한 아침 산책은 우리의 신체 건강을 위해서도 필요하다. 아침에 햇빛을 15분 정도 쬐는 것만으로도 뼈를 건강하게 만드는 비타민 D를 충분히 얻을 수 있기 때문이다.

2) 내 생각을 설득력 있게 펼치는 방법

자기 생각을 설득력 있게 펼치려면 논증을 해야 한다. '논증'(論證, argument)이란 옳고 그름을 적절한 이유와 근거를 통해 밝히는 행위이다. 이렇게 필자가 이유와 근거를 통해 논증하면, 독자들은 필자의 말을 "믿을 만하다."라거나 "그럴듯하다."라고 생각하게 된다.

이처럼 독자의 생각을 필자가 생각하는 방향으로 설득하여 바꾸려면 다음 두 가지 사항을 기억해야 한다.

A. 필자의 <u>주장</u>은 독자가 수용할 만한 것이어야 한다. B. 필자의 <u>주장이 포함된 글</u>은 논리적이고 합리적이어야 한다.

논증하기는 '주장, 이유, 근거'로 이루어진다. 이 중에서 '주장'은 A와 관련되며, 그 외 나머지는 B와 관련된다.[15)]

2-1. 주장

'주장'(主張, claim)은 필자가 본인의 의견을 독자들에게 내세우는 것으로서 논증의 가장 중요한 부분이다. 모든 논증은 필자의 주장에서 시작되기 때문이다. 따라서 주장이 없는 논증은 있을 수가 없다. 만약 논증하기에서 필자의 가장 중요한 메시지를 딱 하나만 꼽으라고 한다면, 그것은 바로 필자의 주장일 것이다. 즉, 주장은 "필자가 독자에게 가장 하고 싶은 말"에 해당한다.

그렇지만 필자는 언제나 독자를 고려하여 주장해야 한다. 필자가 한 말이라고 하여 독자가 매번 필자 의견을 받아들이는 것은 아니기 때문이다. 독자의 생각이나 행동을 바꾸려면 필자는 우선 그에 걸맞은 주장을 펼쳐야 한다.

적절한 주장이 되려면 다음과 같이 주장의 '내용'과 '표현'을 고려해야 한다. 먼저 주장의 내용을 살펴보자. 첫째, 주장은 한 문장에서 하나만 존재해야 한다. 다시 말해 주장을 나타내는 문장에 두 개 이상의 내용이 포함되면 안 되는 뜻이다. 아래의 예를 살펴보자.

(1) ㄱ. 중앙도서관의 장서 관리 시스템을 보완하는 동시에 도서관 열람실 사용 방식을 개정할 필요가 있다.
ㄴ. 외부인의 쓰레기 무단 투기를 막으면서 교내 구성원이 음식물 쓰레기를 처리할 시스템을 마련해야 한다.

(1)의 주장에는 하나의 문장에 두 개의 내용이 포함되어 있다는 문제가 있다. (1ㄱ)에는 '중앙도서관의 장서 관리 시스템을 보완할 필요가 있다'와 '열람실 사용 방식을 개정할 필요가 있다'는 두 개의 주장이 들어 있다. 물론 '장서 관리'나 '열람실 사용 방식'은 모두 중앙도서관에 관한 것이지만, 이 두 가지는 별개의 사안이므로 한꺼번에 묶어서 다룰 수 없다. (1ㄴ)에도 '외부인이 학내에 쓰레기를 무단으로 투기하는 것을 막을 시스템을 구축해야 한다'와 '교내 구성원이 음식물 쓰레기를 처리할 시스템을 구축해야 한다'라는 두 가지 주제가 하나의 문장에 공존하고 있다. 이 주장 역시 '학내 쓰레기 문제'와 관련되어 있으나 하나로 다루기에 적절하지 않다. 따라서 (1ㄱ)이나 (1ㄴ)은 각각의 주장을 분리하여 따로 다루어야 할 것이다.

둘째, 주장은 그 범위가 적절해야 한다. 필자의 주장은 주어진 주제 안에서 이루어져야 하기 때문이다. 즉 주장의 범위가 주제 범위를 벗어나거나 지나치게 좁다면 이러한 주장은 적절하지 않다는 뜻이다. 가령 다음과 같은 주장은 적절한지 생각해 보자.

(2) 주제: 우리 학교의 문제점을 지적하고 이를 개선할 방안을 제시하시오.
주장A: 대한민국의 한국어 교육은 유학생 친화적으로 바뀌어야 한다.
주장B: 학내 농구 코트의 농구링이 고장 나서 이용이 어려우므로 이를 수리할 필요가 있다.

주장A는 주제의 범위를 아득하게 벗어났다는 문제가 있다. 주제의 범위는 '우리가 생활하는 대학교'인데, 주장은 '대한민국 전체'가 되었기 때문이다. 또한 '유학생 친화적'이라는 말도 무엇을 뜻하는 것인지 알 수 없을 정도로 막연하다. 이렇게 되면 필자는 주어진 분량 내에서 본인의 주장을 효과적으로 펼치기가 어렵다.

한편, 주장B는 주제의 범위에 들어가기는 하지만 그 범위가 지나치게 좁다는 문제가 있다. 이러한 주장에 대한 해결책은 고작 "농구링을 수리한다."밖에 없다. 이러한 주장은 해결책이 너무나 간단하므로 전체 글에서 쓸 말이 거의 없게 된다.

따라서 주장A, 주장B는 다음과 같이 고치는 것이 바람직하다.

(3) 주제: 우리 학교의 문제점을 지적하고 이를 개선할 방안을 제시하시오.
주장A: ㅇㅇ대학교 한국어교육센터의 교재는 유학생 수준에 맞게 바뀌어야 한다.
주장B: 노후화된 학내 운동 시설을 점검하여 이용에 불편함이 없도록 해야 한다.

연습문제 1

다음과 같은 주제가 주어졌을 때, 아래 주장은 적절한 것인지 생각해 보자.

주제: 우리 학교의 문제점을 지적하고 이를 개선할 방안을 제시하시오.

A. 우리 학교 주변 상권이 부실하므로 주변 상권을 활성화해야 한다.
B. 기숙사생 선발 방식과 기숙사 택배 관리 시스템을 보완할 필요가 있다.
C. 학교 온라인 강의실에 로그인할 때 로그인 실패가 되지 않도록 해야 한다.
D. 보행자의 안전을 위하여 학내 통행로와 개인형 이동장치를 관리할 방안을 마련해야 한다.

다음으로 주장의 표현에 관해 알아보자. 첫째, 주장은 분명한 표현으로 나타내는 것이 좋다. 특히 논증은 독자의 생각이나 행동에 변화를 꾀하는 것이 목적이므로, 이러한 변화를 확실하게 요구하는 표현이 선호된다. 그중에서 강력한 표현이 바로 '~해야 한다'이다. 이것은 독자에게 생각이나 행동을 바꾸라는 말을 '직접적으로' 하기 때문이다.

그러나 주장을 간접적으로 표현하는 방법도 있다. 한국어에는 필자가 본인의 의견을 간접적으로 드러내는 여러 가지 표현이 있는데, '~할 필요가 있다', '~어야 할 것이다', '~으면 한다/좋겠다', '~기를 바란다' 등이 그러하다. 필자가 본인의 주장에 위와 같은 표현을 쓰면, 그 주장은 '~해야 한다'보다는 덜 강력하게 인식된다.

(4) ㅇㅇ대학교 한국어교육센터의 교재는 유학생 수준에 맞게

ㄱ. 바뀌어야 한다.

ㄴ. 바뀔 필요가 있다.

ㄷ. 바뀌어야 할 것이다.

ㄹ. 바뀌었으면 한다/좋겠다.

위에서 (ㄱ)이 가장 강력한 표현이고, (ㄴ)이나 (ㄷ)은 그보다 덜 강력하게 여겨진다. (ㄹ)는 가장 약한 표현으로서 '주장'보다는 필자의 '바람/소망'(wish) 정도로 읽힌다. 따라서 필자가 본인의 주장을 효과적으로 펼치려면 (ㄱ)처럼 쓰는 것이 가장 좋고, 때에 따라서 (ㄴ), (ㄷ)처럼 해도 된다.

둘째, 주장은 모호하지 않아야 한다. 모호하다(模糊, ambiguous)는 말은 "어떤 대상의 경계가 뚜렷하지 않고 흐릿하여 분명하지 않음"을 의미한다. 이렇게 주장의 경계가 분명하지 않으면 독자는 그 주장이 정확하게 무엇을 말하려고 하는지 알기 어렵다.

(5) ㄱ. 학교 식당은 맛이 없으므로 맛있게 바뀌어야 한다.

ㄴ. 기숙사 학생 위원회는 신뢰와 행동을 보여주어야 한다.

(5ㄱ)에서 '맛이 없다'나 '맛있게 바뀌어야 한다'가 모호한 표현이다. '맛'이라는 것은 사람마다 다르게 느껴지는 주관적 영역인 동시에, '맛있다'와 '맛없다'의 경계를 정확하게 나눌 수 없기 때문이다. (5ㄴ)의 '신뢰와 행동을 보여준다'도 구체적으로 무엇을 가리키는 것인지 알 수 없다. 이러한 표현은 모두 구체적이고 분명하게 고쳐야 한다.

연습문제 2

다음 주장을 구체적이고 분명한 표현으로 바꾸어 보자.

A. 학교 식당은 맛이 없으므로 맛있게 바뀌어야 한다.
B. 기숙사 학생 위원회는 신뢰와 행동을 보여주어야 한다.

2-2. 이유

'이유'(理由, reason)는 필자의 주장을 직접적으로 뒷받침하는 부분이다. 그래서 '이유'는 대체로 주장 바로 뒤에 등장한다. '이유'는 필자의 주장을 논리적이고 합리적으로 보이게 만들기 때문에, 독자를 설득하는 글에서 꼭 필요한 부분이다.

'이유'는 평소에 우리가 자주 나누는 대화에서도 등장한다.

(1) 아르미: 아 배고파.
다르미: 아니 점심때도 아닌데 벌써?
아르미: 아침부터 아무것도 안 먹었더니…….
→ 나는 배가 고프다.[주장] 아침부터 아무것도 먹지 않았기 때문이다.[이유]

(2) 아르미: 이 웹툰 어때? 볼만해?
다르미: 아 그거? 별로 안 봐. 내용이 다른 웹툰이랑 비슷하거든.
→ 그 웹툰은 인기가 없다.[주장] 다른 웹툰과 비교했을 때 차별화된 내용이 없기 때문이다.[이유]

'내가 배가 고픈 이유'는 여러 개일 수 있다. 가령 식사하지 않았거나 조금 먹어서, 원체 소화력이 좋은 체질이어서, 다이어트 중이어서, 다른 사람이 무엇인가 먹고 있는 것을 보았더니 같이 배고파져서 등등이 가능하다. '○○ 웹툰이 인기가 없는 이유'도 여럿이다. 내용이 다른 웹툰과 별로 다르지 않아서, 그림체가 낯설어서, 웹툰에 나오는 등장인물이 매력적이지 않아서, 웹툰의 소재가 너무 특이해서 등등을 선택지로 꼽을 수 있다. 이들 중에서 필자가 생각하기에 가장 직접적인 것이 바로 '이유'가 된다. 이처럼 이유는 필자의 다양한 선택지 중에서 가장 직접적인 것이 '~기 때문이다'의 형식으로 작성되는 경우가 많다.

이것은 학술글도 마찬가지이다. 아래의 예를 살펴보자.

(3) 주장: ○○대학교 한국어교육센터의 교재는 유학생 수준에 맞게 바뀌어야 한다.
이유:
현행 교재는
ㄱ. 등급이 다양하지 않아서 유학생들 사이에서 불만이 많기 때문이다.
ㄴ. 일상생활에 쓰이는 단어나 문장만 나와 있어서 실제 대학 수업과는 잘 맞지 않기 때문이다.
ㄷ. 한국 문화에 대한 설명이나 예문이 없어서 실제 한국 생활에서 큰 도움이 되지 않기 때문이다.

이렇게 하나의 주장에 여러 이유를 들 수도 있다. 하나의 주장에 반드시 하나의 이유만 있는 것은 아니기 때문이다. 어떤 주장에 관해서 이유를 몇 개나 제시할 것이냐는 글의 주제나 범위, 분량, 혹은 필자의 목적 등에 따라서 얼마든지 바뀔 수 있다. 예컨대, 위 주장에서 필자는 (3ㄱ), (3ㄴ), (3ㄷ) 중 하나의 이유만 댈 수도 있으나, (3ㄱ), (3ㄴ), (3ㄷ) 모두를 이유로 사용할 수도 있다.

아래의 예시는 하나의 주장에 하나의 이유만 든 경우이다.

(4) ㄱ. 우리 학교는 학생들이 수업을 더욱 폭넓게 들을 수 있도록 보장해야 한다.[주장] 우리 학교는 전공 수업이나 교양 수업의 숫자가 다른 대학에 비하여 턱없이 부족하기 때문이다.[이유]

ㄴ. 우리 학교는 유학생의 대학 생활에 필요한 정보를 더욱 적극적으로 제공해야 한다.[주장] 지금은 학업 수행과 관련한 가장 기본 안내조차 이루어지지 않고 있기 때문이다.[이유]

ㄷ. 대학에서 영어로 수업을 진행하는 수업, 이른바 '영어매개강의'는 그 숫자를 더욱 늘릴 필요가 있다.[주장] 영어매개강의는 학생의 실제 영어 사용 능력을 향상시키기 때문이다.[이유]

2-3. 근거

'근거'(根據, evidence)는 이유를 구체적으로 뒷받침하는 부분이다. 여기에는 사실(事實, fact)이나 자료(資料, data)처럼 우리가 직접 검색하거나 확인할 수 있는 것들이 포함된다. 대표적으로 논문에 나오는 그래프, 통계청 홈페이지에 있는 통계, 신문 기사에 등장한 사건과 사고, 책에 나오는 이론, 우리가 조사한 설문, 박물관에 있는 유물이나 기록 등을 들 수 있다.

아래의 예를 확인해 보자.

(1) ㅇㅇ대학교 한국어교육센터의 교재는 유학생 수준에 맞게 바뀌어야 한다.[주장] 현행 교재는 등급이 다양하지 않아서 유학생들 사이에서 불만이 많기 때문이다.[이유] **얼마 전 ㅁㅁ에서 실시한 설문조사에 의하면, ㅇㅇ대학교 한국어교육센터에서 수강하는 유학생의 무려 ㅇㅇ%가 지금의 교재 등급이 적절히 나뉘지 않았다고 답하기도 했다.**[근거]

윗글의 '이유'는 '유학생의 불만이 많다'이다. 따라서 이를 뒷받침할 만한 근거가 제시되면 좋다. 여기에서는 '설문조사'라는 구체적 자료를 근거로 제시하고 있다.

아래의 예문도 이와 비슷하게 작성되어 있다.

(2) ㄱ. 우리 학교는 학생들이 수업을 더욱 폭넓게 들을 수 있도록 보장해야 한다.[주장] 우리 학교는 교양 과목의 숫자가 다른 대학에 비하여 턱없이 부족하기 때문이다.[이유] **교육부의 통계에 의하면 2015년 전국 대학의 교양 과목의 평균 개수는 ㅁㅁ개이다. 그런데 2025년 현재, 수강신청이 가능한 우리 대학의 교양 과목 숫자는 ○○개로서 전국 대학 평균보다 훨씬 적다.**[근거1] **A대학과 B대학도 교양 과목 숫자가 우리 대학보다 훨씬 많은 △△개와 △△개로서, 우리 대학의 교양 과목 숫자는 매우 적다고 할 수 있다.**[근거2]

ㄴ. 우리 학교는 유학생의 대학 생활에 필요한 정보를 더욱 적극적으로 제공해야 한다.[주장] 지금은 학업 수행과 관련한 가장 기본 안내조차 이루어지지 않고 있기 때문이다.[이유] **우리 대학 신문에서는 유학생이 수강신청 단계부터 어려움을 겪어 결국에는 자기 전공도 아닌 다른 전공을 신청한 사례를 중요하게 다룬 바 있다.**[근거]

ㄷ. 대학에서 영어로 수업을 진행하는 수업, 이른바 '영어매개강의'는 그 숫자를 더욱 늘릴 필요가 있다.[주장] 영어매개강의는 학생의 실제 영어 사용 능력을 향상시키기 때문이다.[이유] **20○○년도에 발표된 ○○의 논문에 따르면, 영어매개강의를 들은 학생들은 영어 의사소통 실력이 ㅁㅁ% 높아졌다고 한다. 특히 이러한 효과는 영어 수준이 높은 학생들 사이에서 훨씬 좋았던 것으로 확인되었다.**[근거]

(2ㄱ)은 '통계청 자료'와 '대학별 공개 자료'를, (2ㄴ)은 '학교 신문'을, (2ㄷ)은 '인용된 논문'에 기반하여 이유를 뒷받침하고 있다. 이것들은 모두 구체적 자료이므로 근거에 해당한다.

그런데 근거는 이유를 '논리적으로' 뒷받침해야 한다. 단지 구체적 자료를 이유 뒤에 덧붙였다고 해서 그것이 적절한 근거가 되지는 않는다. 즉, 근거는 '이유의 전체 내용'을 효과적으로 뒷받침해야 한다. 위에 나왔던 예문을 다시 생각해 보자.

> (3) ○○대학교 한국어교육센터의 교재는 유학생 수준에 맞게 바뀌어야 한다.[주장] 현행 교재는 등급이 다양하지 않아서 유학생들 사이에서 불만이 많기 때문이다.[이유] 얼마 전 □□에서 실시한 설문조사에 의하면, ○○대학교 한국어교육센터에서 수강하는 유학생의 무려 ○○%가 지금의 교재 등급이 적절히 나뉘지 않았다고 답하기도 했다.[근거]

윗글의 근거가 설득력을 가지려면 '현행 교재의 등급이 다양하지 않다'는 사실부터 증명되어야 한다. 이 부분이 사실이 아니라면 그 뒤에 오는 '유학생들이 불만을 가지고 있다'는 말이 논리적으로 성립하지 않기 때문이다. 따라서 윗글은 다음과 같이 수정되어야 한다.

> (4) ○○대학교 한국어교육센터의 교재는 유학생 수준에 맞게 바뀌어야 한다.[주장] 현행 교재는 등급이 다양하지 않아서 유학생들 사이에서 불만이 많기 때문이다.[이유] 유학생의 한국어 능력은 한국어능력시험(TOPIK)의 여섯 단계로 매겨지는데, 현행 교재는 초급 · 중급 · 고급이라는 세 개의 등급으로만 나뉘어 있다는 문제가 있다.[근거1] 얼마 전 □□에서 실시한 설문조사에 의하면, ○○대학교 한국어교육센터에서 수강하는 유학생의 무려 ○○%가 지금의 교재 등급이 적절히 나뉘지 않았다고 답하기도 했다.[근거2]

즉, 윗글의 '이유'는 '교재 등급이 다양하지 않다', '유학생의 불만이 많다'인데, [근거1]은 '교재 등급이 다양하지 않다는 문제'를, [근거2]는 '유학생의 불만'을 효과적으로 뒷받침할 수 있도록 수정되었다.

다음 글의 근거에도 논리적 문제가 있다.

(5) 우리 학교는 학생들이 수업을 더욱 폭넓게 들을 수 있도록 보장해야 한다.[주장] 우리 학교는 교양 과목의 숫자가 다른 대학에 비하여 턱없이 부족하기 때문이다.[이유] **교육부의 통계에 의하면 2015년 전국 대학의 교양 과목의 평균 개수는 ㅁㅁ개이다. 그런데 2025년 현재, 수강신청이 가능한 우리 대학의 교양 과목 숫자는 ㅇㅇ개로서 전국 대학 평균보다 훨씬 적다.**[근거1] **A대학과 B대학도 교양 과목 숫자가 우리 대학보다 훨씬 많은 △△개와 △△개로서, 우리 대학의 교양 과목 숫자는 매우 적다고 할 수 있다.**[근거2]

[근거1]에서 10년이나 지난 자료를 가지고 온 것은 적절한가? 그리고 [근거2]에서 왜 하필이면 A와 B대학을 선택한 것인가? 이러한 의문을 해결하지 못한 근거는 필자의 주장과 이유를 제대로 뒷받침할 수 없다. 따라서 필자는 근거를 다음과 같이 수정하거나 보충해야 한다.

(6) 우리 학교는 학생들이 수업을 더욱 폭넓게 들을 수 있도록 보장해야 한다.[주장] 우리 학교는 교양 과목의 숫자가 다른 대학에 비하여 턱없이 부족하기 때문이다.[이유] **교육부의 통계에 의하면 2024년 전국 대학의 교양 과목의 평균 개수는 ㅁㅁ개이다. 그런데 2025년 현재, 수강신청이 가능한 우리 대학의 교양 과목 숫자는 ㅇㅇ개로서 전국 대학 평균보다 훨씬 적다.**[근거1] **최근 5년 동안 우리 학교와 비슷한 수준으로 평가된 A대학과 B대학도 교양 과목 숫자가 우리보다 훨씬 많은 △△개와 △△개로서, 우리 대학의 교양 과목 숫자는 매우 적다고 할 수 있다.**[근거2]

[근거1]은 최신 자료로 업데이트했으며[16] [근거2]는 A대학과 B대학을 골랐던 근거를 보충했다. 여러분이라면 윗글을 어떻게 수정할 수 있을지 생각해

보자.

이처럼 이유와 근거는 비슷해 보이지만 실제로는 다른 개념이다. 이 두 가지 개념을 비교하면 다음과 같다.

	이유	근거
기능	주장을 뒷받침함.	이유를 뒷받침함.
위치	주장 바로 뒤에 나옴.	이유 바로 뒤에 나옴.
특징	필자가 머릿속에서 만든 것.	필자가 현실에서 찾은 것.
	근거를 모두 모아서 일반화한 것.	이유를 구체적으로 보인 것.
표현	~기 때문이다.	~에 따르면/의하면 ~라고 한다. ~(에서)는 ~라고 하였다/언급하였다 등.

연습문제 3

다음 문장은 '이유'와 '근거' 중 어디에 해당하는지 판단해 보자.

A. 우리 학교에 재학 중인 유학생들은 적지 않은 경제적 어려움을 겪고 있기 때문이다.

B. 또한 우리 대학의 라운지는 그 성격이 뚜렷하지 않아서 학생들이 사용할 때 불편함을 겪기도 한다.

C. 학교를 홍보할 매뉴얼을 정해 놓으면, 매년 학교를 홍보할 때마다 홍보 방향이 달라지지 않고 일관성 있게 홍보를 진행할 수 있기 때문이다.

D. 지난 학기의 학생회 보고서에 따르면 학생회 투표는 학생 자치 활동이므로 대학에서는 이를 공식적으로 지원하고 홍보할 만한 근거가 없다고 한다.

E. 20ㅇㅇ년에 ㅇㅇ에서 발표된 통계에 의하면, 우리 대학은 유학생은 ㅁㅁ명으로서 서울 시내 대학교 중 유학생 수가 가장 적은 학교라는 점을 알 수 있다.

F. 학생회관 식당을 이용하는 학생 100명을 대상으로 한 설문에서, 학생 식당을 이용하지 못했다고 응답한 학생 중에서 80%가 '먹고 싶었던 메뉴가 품절되어서'를 그 이유로 들었다.

연습문제 4

다음 글의 빈칸에 '주장', '이유', '근거' 중 알맞은 말을 골라서 써 보자.

A. 우리 학교는 플라스틱 쓰레기를 효과적으로 처리할 방안을 마련해야 한다.[ ] 시험 기간마다 학내 곳곳에서 플라스틱 쓰레기가 넘쳐나서 문제가 되기 때문이다.[ ] 기말고사 기간 이후 발행된 학교 신문에 따르면, 매 학기 시험 기간마다 중앙도서관 쓰레기통에는 플라스틱 쓰레기가 산더미처럼 쌓여서 학우들에게 불쾌감을 주는 것으로 조사되었다.[ ] 학내 청소를 담당하는 직원들도 치우자마자 다시 금방 쌓이는 플라스틱 쓰레기를 처리하느라 너무 힘들었다는 인터뷰 자료도 있었다.[ ]

B. 학내에서는 공유 킥보드의 사용을 금지해야 한다.[ ] 학내에서 규정 속도보다 훨씬 빠르게 달리는 공유 킥보드는 보행자를 위협하기 때문이다.[ ] 공유 킥보드 문제를 집중적으로 다룬 우리 학교 신문 제ㅇㅇ호에 의하면, 달리는 공유 킥보드 때문에 위협을 느꼈다는 학생이 응답자의 60%를 넘은 것으로 확인되었다.[ ] 또한 공유 킥보드는 아무 데나 주차되어 학생들이 걸려 넘어지게 하거나 돌아서 가게 만드는 문제도 있다.[ ] 학내 대표 온라인 커뮤니티인 ㅇㅇ에서는 최근 6개월 사이 이와 관련한 불만이 지속적으로 제기될 만큼, 무분별한 킥보드 주차 문제가 심각하다.[ ]

연습문제 5

다음 자료를 활용하여 주장하는 글을 써 보자.*

주장: 한국어를 익히는 가장 좋은 방법은 한국 드라마를 자주 보는 것이다.

자료 1: 드라마 시청이 외국어를 배우는 데 효과적이라는 이론. 대표적으로 스티븐 크라센(Stephen Krashen)의 '이해 가능한 입력 가설'(Comprehensible Input Hypothesis)을 들 수 있다. 이것은 언어를 배우려면 쉽게 이해할 수 있는 말이나 글을 충분히 접해야 한다는 이론이다. 이 이론에 따르면 드라마, 영화, 책처럼 자연스러운 상황을 접하는 것이 언어 학습에 효과적이다.

자료 2: 드라마 시청이 한국어 학습자의 한국어 능력을 향상하는 데 긍정적 영향을 미쳤다고 보고한 연구. 김ㅇㅇ의 2020년에 발표한 논문에 따르면, 한국 드라마를 통해 한국어를 공부한 외국인이, 교재로만 한국어를 공부한 외국인보다 한국어 구사 능력이 30% 더 높았다고 보고하였다.

자료 3: 해외에서 한국 드라마를 활용한 한국어 수업이 늘고 있다는 사례. 2024년 ㅇㅇ재단에서 조사한 자료에 따르면, 한국어 학과가 있는 해외 대학의 40%가 한국어 수업에서 한국 드라마를 활용하고 있다고 한다.

* 자료 1은 존재하는 것이지만, 자료 2와 자료 3은 연습문제를 위해 만든 가상의 재료이다.

3. 나를 표현하는 성찰글 쓰기

성찰(省察, Introspection)은 "자기의 마음을 반성하고 살핌"이라는 뜻이다. 따라서 성찰하는 글쓰기는 자기 생각과 감정을 살피고 독자에게 진솔하게 전달하는 것을 목적으로 한다. 성찰하는 글을 쓰기 위해서는 자신을 면밀히 살펴보는 연습을 해야 한다. 자기 자신을 관찰하고, 자신을 둘러싼 세계를 살펴보는 시간을 가진 후에야 '성찰'하는 글쓰기를 할 수 있을 것이다.

자신을 객관적으로 바라보는 것은 쉬운 일이 아니다. 우리는 스스로의 얼굴을 보기 위해서도 거울의 도움을 받아야 한다. 그러므로 사람이 스스로를 성찰하기 위해서는 거울과 같이 자신을 비춰볼 수 있는 도구가 있어야 하며, 자신과 적당한 거리두기를 해야 한다. 이때 거울의 역할을 하는 도구가 바로 글쓰기이다. 자신이 경험하고 생각한 어떤 일에 대해 글쓰기를 하면서 객관적으로 바라볼 수 있게 되기 때문이다.

예를 들어 지난해에 겪은 어떤 일을 글로 쓴다면, 지난 해 그곳에서 있었던 일을 지금 여기에서 글쓰기하고 있는 사람은 '그때 거기의 나'와 '지금 여기의 나' 사이에 시공간의 거리를 만들고, 글쓰기를 통해 '그때 거기의 나'를 바라볼 수 있게 되는 것이다.

또한 우리는 어떠한 텍스트를 읽거나 본 후에 그것을 통해 자기 모습을 생각하게 되기도 한다. 책이나 영화, 음악, 그림 등, 예술 작품들은 인간의 삶을 드러낸다. 따라서 사람들은 예술 작품을 본 후 어떠한 감정이나 생각을 갖게 된다. 이러한 텍스트를 통해 우리는 자기 삶과 자기 모습을 비추어 볼 수 있다.

이 책에서는 텍스트를 읽고 그 감상을 서술하는 감상문과 자기 삶에서 한 순간을 포착하여 살펴보는 포토에세이를 써보고자 한다.

1) 내 느낌을 담는 감상문 쓰기

1-1. 감상문의 정의와 작성 순서

감상문은 텍스트를 읽고 그에 대한 주관적 감상을 서술하는 모든 글을 의미한다. 대학에서의 공부는 여러 텍스트를 읽고, 이해하고, 그에 대한 자기 생각을 정리하는 과정을 중심으로 진행되기 때문에, 감상문은 많은 수업에서 과제로 제시된다. 여기서 텍스트는 글뿐만 아니라 영화, 그림, 영상 등 모든 감상할 수 있는 대상을 말한다. 단순히 보는 것을 넘어서 작품을 감상하기 위해서는 텍스트를 자기 관점에서 읽어낼 수 있는 능력이 필요한데, 이러한 감상 능력을 요구하는 모든 글을 감상문이라고 할 수 있다.

예를 들어 어떤 영화를 본 후 단순히 재미있다, 재미없다 정도만 얘기할 수도 있지만, 자기 관점에서 어떤 부분이 재미있고 그 이유는 무엇인지 구체적으로 생각하고 말할 수도 있다. 이는 텍스트를 비판적인 관점에서 읽을 때만 가능한 것이다. 비판이란 텍스트의 부정적인 부분만 보는 비난이 아니라, 텍스트의 장점과 단점, 의미와 한계 등을 잘 따져보는 것이다. 따라서 비판적으로 읽을 때 외부의 정보를 단순히 받아들이는 것이 아니라, 텍스트에 대한 생각을 가지고 말할 수 있게 되며, 그때 우리는 어떤 텍스트를 '읽었다'라고 표현할 수 있다. 이처럼 읽기를 위해서는 텍스트에 대한 감상자의 적극적인 태도가 필요하다.

감상문을 쓰기 위해서는 먼저, 텍스트를 적극적으로 읽고 이해해야 하며, 자기 생각과 감정을 구체적으로 서술해야 한다. 감상문을 쓰는 순서는 대체로 다음과 같다.

텍스트 읽기

▼

읽은 내용 요약

▼

텍스트에서 다루는 주제에 대한 저자의 생각을 한두 문장의 주제문으로 정리하기

▼

텍스트에서 다루는 주제에 대한 나의 생각을 주제문으로 정리하기

▼

텍스트에서 가장 인상적인 부분을 포착하기

▼

인상적인 부분에 대한 나의 생각과 느낌을 정리하기

▼

개요 짜기

▼

글쓰기

▼

퇴고하기

1-2. 감상문 작성 방법

텍스트를 읽고 이해한 후, 자기 주제를 정리했다면 개요 짜기를 통해 감상문에 쓸 내용을 간결하게 정리하는 것이 좋다. 개요 짜기의 형식은 다음과 같다.

〈개요〉 1-2페이지

❖ 내가 읽은 텍스트의 서지사항:

❖ 텍스트 요약:

❖ 텍스트의 주제와 주제문:

❖ 텍스트의 주제에 대한 나의 생각과 주제문:

❖ 인상 깊은 내용:

❖ 그에 대한 나의 생각과 느낌:

글의 제목

서론: 텍스트에 대한 간결한 내용 전달, 텍스트의 주제와 주제문, 나의 생각과 주제문

본론1: 인상 깊은 내용1과 그 이유, 그에 대한 나의 생각과 느낌

본론2: 인상 깊은 내용2와 그 이유, 그에 대한 나의 생각과 느낌

결론: 본론 요약+나의 주제문 언급+책에 대한 최종 평가

위의 내용을 글쓰기로 진행할 때에 다음과 같은 점을 유의해야 한다.

1. 주제에 대한 명확한 생각을 세우고, 이를 주제문으로 정리한다. 여기서 '명확한 생각'이란 이분법적 사고를 의미하지 않는다. 자기 생각을 모호하게 말하지 않고 독자가 선명하게 이해할 수 있도록 전달해야 한다는 것이다.
2. 텍스트의 전체 주제와 함께, 내용 가운데 인상 깊었던 부분, 혹은 중요하게 말하고 싶은 부분을 몇 가지 생각한다.
3. 자기 생각과 느낌을 서술하되, 구체적으로 서술한다. 예를 들어 감동적인 부분이 있다면, 그 부분은 왜 감동적인지 구체적으로 서술하고, 의미 있게 여겨지는 부분이 있다면, 그것이 왜 의미 있는 것인지 자세하고 구체적으로 풀어서 설명해야 한다. '재미있다'. '감동적이다'와 같은 단순한 표현은 지양하고, 어떤 면이 재미있었는지 설명할 수 있어야 한다.
4. 텍스트와 관련된 감상자의 개인적 경험(직간접적 체험)을 함께 서술하면서 독자의 이해를 도울 수도 있다.
5. 글을 모두 쓴 후에는 문장과 문단 등을 살피고, 자연스러운 표현이 되고, 잘 읽히는 글이 되도록 수정한다.

1-3. 감상문 작성의 실제

다음은 황선미 작가가 2000년에 출간한 작품『마당을 나온 암탉』의 줄거리이다. 주제잡기부터 개요 짜기, 글쓰기를 진행한 학생들의 글을 읽어보자.

① 『마당을 나온 암탉』의 줄거리

'잎싹'은 사람들이 달걀을 얻기 위해 키우는 난용종 암탉이다. 양계장의 좁은 우리에 갇혀 날마다 먹이를 먹고, 알을 낳는 삶을 반복하던 잎싹은 다르게 사는 방법은 없을까를 고민한다. 다른 암탉들은 알만 낳으면 풍부한 먹이와 안전한 집이 주어지는 양계장 생활에 불만이 없지만, 잎싹은 바깥세상을 꿈꾼다. 잎싹은 양계장 문 앞에 서 있는 나무의 푸른 나뭇잎을 발견하고 스스로에게 잎싹이라는 이름을 붙여 준다. 그리고 바깥의 자유로운 삶을 살겠다고 다짐하고는 사료를 먹지 않고 굶기 시작한다. 더 이상 알을 낳지 못할 정도로 몸이 쇠약해지자 농장 주인은 잎싹을 농장 바깥 웅덩이에 던져버린다.

아직 숨이 붙어 있던 잎싹은 자유를 누릴 겨를도 없이 먹잇감을 찾고 있던 족제비에게 물려갈 위험에 처한다. 그때 청둥오리 '나그네'가 잎싹을 구해준다. 나그네는 다른 청둥오리와 함께 여름을 지내러 왔다가 날개를 다쳐 무리를 쫓아가지 못하고 농장 주인에게 잡혀 있게 된 것이다. 나그네의 도움으로 목숨을 구한 잎싹은 한동안 농장 마당에서 지내지만, 농장을 지키는 개, 집오리들, 토종닭들의 곱지 않은 시선과 멸시로 인해 마당을 나와 홀로 살아간다.

어느 날 버려진 듯한 알을 발견한 잎싹은 두근거리는 마음으로 그 알을 자신의 품에 품기 시작한다. 그런 잎싹에게 나그네는 먹이를 물어다 주기도 하고, 밤새 족제비가 가까이 오지 못하도록 잎싹과 알을 지켜준다. 그 알은 나그네와 하얀 오리 사이에서 태어난 알로, 하얀 오리가 족제비에게 물려가자 나그네는 온 힘을 다해 대신 알을 품어주는 잎싹을 위해 밤새 잎싹 주변을 지킨 것이다. 그러나 알이 깨어 아기 청둥오리가 태어날 때가 되었을 때 나그네마저 족제비에게 물려 죽고 만다.

잎싹은 태어난 아기에게 '초록머리'라는 이름을 붙여주고, 함께 살아간다. 초록머리는 청둥오리이고 잎싹은 닭이기에 서로 너무 다르지만, 둘은 그러한 차이를 딛고 서로 사랑하며 가족을 이룬다. 물론 이 둘은 종이 다르기에 때때로 갈등이 생기기도 하지만, 잎싹은 초록머리를 혼신의 힘을 다해 양육하고 초록머리는 당당한 청둥오리로 성장한다. 다르지만 서로 사랑하면서, 초록머리와 함께 많은 일을 겪은 잎싹은 농장의 그 어떤 닭이나 오리들보다 더 당당하고 우아한 존재가 된다. 그러던 어느 날 철새인 청둥오리 무리가 여름을 지내러 돌아오고 잎싹은 초록머리가 자신을 떠나 청둥오리들의 세계에 속해야 한다는 것을 알게 된다.

초록머리가 성장하여 청둥오리의 무리에 받아들여지는 것을 보면서 잎싹은 자신도 초록머리처럼 날아보고 싶다는 꿈을 꾼다. 여름이 지나고 초록머리가 청둥오리의 무리에 섞여 그들의 세계로 떠나간 후 늙고 병든 몸으로 홀로 서 있는 잎싹에게 족제비가 찾아온다. 먹잇감을 찾지 못해 새끼들에게 먹이를 줄 수 없었던 족제비는 잎싹을 사냥하려 하고, 잎싹은 족제비의 새끼들이 자신으로 인해 자라게 될 것을 생각하고 조용히 눈을 감는다.

자료: 황선미(2016). 마당을 나온 암탉. 사계절.

② 개요 예시

다음의 글은 『마당을 나온 암탉』을 읽고 학생이 작성한 개요이다.

ㄱ. 요약과 주제, 인상 깊은 내용, 감상에 대한 개요

❖ **텍스트 요약**: 양계장에 갇혀 살던 암탉 '잎싹'은 마당을 나와 자유로운 삶을 살아가기로 함. 숲에서 어린 청둥오리를 키우게 된 잎싹은 우여곡절을 겪지만 자기 꿈을 깨닫게 됨.

❖ **텍스트 주제**: 주체적인 삶의 위대함

❖ **텍스트 주제에 대한 나의 생각**: 나는 주체적인 삶을 살 때만 진정한 인생을 살 수 있다고 생각한다.

❖ **인상 깊은 내용**: 잎싹이 양계장에서 스스로에게 이름을 지어준 것. 알을 품고 싶다는 소망-멀리 날아가고 싶다는 소망을 말하는 장면.

❖ 인상 깊은 내용에 대한 나의 생각과 느낌:

1. 향기로운 꽃을 피워 내는 '잎사귀'라는 뜻을 가진 이름보다 더 좋은 이름은 없을 것이라고 생각하며, 자신도 그와 같이 무언가를 하고 싶다는 생각에 스스로 '잎싹'이라

이름을 짓는 주인공. 그저 '암탉', '폐계'라는 통칭이 아니라 '잎싹'이라는 주체로 자리하는 주인공의 행보는 현대 사회, 정형화된 시스템 속에서 나를 내세우기보다는 집단이 요구하는 톱니바퀴가 되어 가는 우리에게 이름, 즉 나 자신을 찾으라는 큰 깨달음을 줌.

2. 잎싹은 '알을 품어 생명의 탄생을 지켜보고 싶다'라는 소망을 마음에만 두지 않고 삶에서 용기를 내어 실천한다. 잎싹은 고단한 삶을 견뎌야 했지만, 종이 다른 청둥오리와 가족을 이루면서 사랑이 무엇인지 알게 됨. 삶의 마지막에 잎싹은 '이제는 날아서 멀리까지 가 보고 싶다'라는 소망을 가짐. 닭에게는 불가능한 꿈이지만, 커다란 자연의 법칙 안에서 잎싹은 하늘을 나는 듯한 자유를 경험함. 이 역시 부여받은 역할에만 묶여 있지 않은, 생각하고 꿈을 꾸는 주체만이 할 수 있는 일임. 꿈을 꾸고 용기를 내서 주체로 살려고 하는 사람에게만 자유로운 삶과 사랑이 주어진다는 것을 잎싹을 통해서 배우게 됨.

ㄴ. 글의 형식에 맞게 구성한 개요

글의 제목: 진정한 '나'의 삶을 사는 방법

❖ **서론(텍스트 요약+나의 생각)**: 알을 품고 싶다는 소망을 가지고 양계장을 탈출한 암탉 잎싹은 족제비에게 쫓기고 다른 동물들에게 미움 당하며 여러 고생을 하게 되지만, 친구였던 청둥오리의 알을 품어 초록머리가 태어나게 함. 청둥오리가 죽자 초록머리를 키우며 사랑을 알아가고 또 다른 꿈을 가지게 됨. 이 이야기는 수동적이지 않은, 주체적인 삶의 위대함을 보여주고 있음. 나는 마찬가지로 주체적인 삶만이 진정한 삶이라고 생각함. 우리 스스로 생각하고, 원하고, 노력하는 날들을 보내야 '나의 하루', '나의 인생'이 되기 때문임.

❖ **본론1**: 나는 주인공이 양계장에 갇힌 상태로 스스로에게 '잎싹'이라는 이름을 짓는 것이 인상 깊었음. 왜냐하면 이름을 스스로 지어 가지면서, 암탉이라는 집단의 한 부분이 아니라 개인, 즉 주체로서 자기 존재를 드러낼 수 있기 때문임. 그냥 암탉이 아니라 '나'가 되는 사건임. 비록 알아주는 존재도 많지 않았으나 꿋꿋하게 '나'로, '잎싹'으로 살아간 주인공이 존경스러움.

❖ **본론2**: '멀리 날아가 보고 싶다'라고 또 다른 소망을 깨닫는 장면 역시 인상 깊었음. 그 전엔 '알을 품어 생명을 탄생시키고 싶다'라는 꿈을 가지고 있던 잎싹은 초록머리를 품어 키우는 것으로 꿈을 이뤘고, 이젠 다른 꿈을 꾸고 있음. 다른 누구도 아니라 자기 목표를 가지고 실현하고 싶어하는 잎싹은 아무리 나이가 많아도 '나'의 꿈을 가지고 있음. 잎싹에게 나의 삶을 사는 법을 배우게 됨.

❖ **결론**: 스스로 이름을 짓고 꿈을 꾸는 잎싹은 우리에게 '진정한 삶은 무엇인가'에 대해 생각해보게 하고, 답을 찾도록 도와줌. 바로 주체적인 삶임. 이 책은 내가 나의 인생을 살려면, 어떻게 해야 하는지 알려주고 있음.

③ 감상문 학생 예시글

ㄱ. 학생글 1: 위의 개요를 토대로 학생이 쓴 글이다.

학과: 학번: 이름:

제목: 진정한 '나'의 삶을 사는 방법

양계장에 갇힌 암탉 '잎싹'은 자기 알을 품어 새끼를 키우고 싶다는 꿈을 가지고 있다. 이 꿈을 이루기 위해 편한 삶을 버리고 양계장을 탈출한다. 폐계가 되어 빠져나온 잎싹은 족제비에게 물려 죽을 뻔하는데, 다행히 청둥오리 '나그네'가 구해준다. 잎싹은 잠깐 마당에 살지만, 진정한 꿈을 위해 좁은 '마당'을 나와 알 수 없는 세계인 숲으로 간다. 그곳에서 잎싹은 자기 알을 지키다 죽은 나그네 대신, 알에서 깨어난 청둥오리 '초록머리'의 엄마가 된다. 잎싹과 초록머리는 엄마와 아들이 되어 서로 갈등하기도 하고 함께 위험에서 벗어나기도 하며 살아간다. 하지만, 잎싹은 초록머리가 야생 청둥오리 떼에 속해서 살아가도록 초록머리를 떠나보낸다. 이후 늙은 잎싹은 홀로 남아, 하늘을 보며 자신도 날고 싶다는 새로운 소망을 가지는 동시에, 족제비가 자신을 먹고 족제비 새끼들을 키울 수 있게 한다. 이 책은 주체적인 삶의 위대함을 말하고 있다. 나는 진정한 '나'의 삶을 살기 위해서는 잎싹과 같이 주체적인 삶을 살아야 한다고 생각한다.

주인공은 풍부한 먹이와 편안한 환경을 주는 양계장에 살지만, 갇혀서 알만 낳아야 하는 것을 견디기 힘들어한다. 양계장에는 자유가 없기 때문이다. 주인공은 자유를 얻기 위해 제일 먼저 양계장 안에서 스스로 이름을 지어 가진다. 나는 이 부분이 무척 인상 깊었다. 주인공은 향기로운 꽃을 피워내는 '잎사귀'가 멋있다고 생각하며, 자신도 잎사귀와 같이 무언가를 하고 싶다는 생각으로 스스로에게 '잎싹'이라는 이름을 지어주었다. 이름을 짓는다는 것은 암탉이라는 집단의 한 부분이 아닌 개인, 즉 주체로서 자기 존재를 드러내는 행위이다. 이는 그냥 암탉이 아니라 '나'가 되는 사건인 것이다. 비록 알아주는 존재도 많지 않았으나, 꿋꿋하게 '나'로, '잎싹'으로 살아간 주인공이 정말 멋있다고 생각한다. 양계장의 암탉으로 살 때는 양계장의 규칙대로만 살면 되었지만, 잎싹으로 살 때는 주체적으로 선택하고 행동해야 한다. 따라서 이름을 짓는 것은 이제 주체적인 삶을 시작한다는 뜻이라고 본다.

또 다른 인상 깊었던 장면은, 동화 후반부에 '멀리 날아가보고 싶다'는 소망을 깨닫는 장면이다. 잎싹은, 그 전에는 '알을 품어 생명을 탄생시키고 싶다'라는 꿈을 가지고 양계장을 탈출하고, 마당을 나왔으며, 마침내 초록머리를 품어 키우는 것으로 꿈을 이뤘다. 그 과정은 고단한 일의 연속이었지만, 서로 다른 존재를 사랑하고 키워냄으로써 양계장의 닭은 할 수 없는 일을 하고 보람을 느낀다. 그리고 늙은 잎싹은 이제 다른 꿈을 꾸기 시작한 것이다. 비록 그것이 닭에게는 불가능한 꿈인 '하늘을 나는 것'일지라도. 커다란 자연의 법칙 안에서 잎싹은 죽어 가면서도 하늘을 나는 듯한 자유를 경험한다. 부여받은 역할에 묶여 있지 않은 주체, 생각하고 소망하는 주체만이 할 수 있는 일이 아닐 수 없다. 다른 누구도 아닌 자신만의 목표를 가지고 진정한 '나'의 꿈을 향해 나아가는 '잎싹'에게서, 나의 삶을 사는 법을 배우게 된다. 끊임없이 꿈을 꾸는 것. 그리고 그 꿈을 향해 나아가는 것. 그렇게 살아갈 때 양계장 같은 기계적 삶이 아니라, '마당'을 벗어나 '나'의 삶을 살 수 있다고 생각한다.

잎싹은 스스로 이름을 짓고, 끊임없이 새로운 꿈을 꾼다. 비록 그 과정이 힘들고 지칠지언정 포기하지 않고 나아가는 마당을 나온 암탉 '잎싹'은 우리로 하여금 '진정한 삶은 무엇인가'에 대해 생각해 보게 한다. 그리고 자기 여정을 통해 답을 찾도록 도와준다. 모두가 위험하다고 말했지만 용기를 내어 자유를 선택하고, 주체적인 삶을 선택한 잎싹은 누구와도 다른 삶을 살 수 있었다. 『마당을 나온 암탉』은 내가 '나'로서 나의 인생을 살려면 어떻게 해야 하는지 알려주고 있다. 이 작품을 읽으면서 나는 '나'다운 삶을 살고 있는가 생각하게 되었다.

ㄴ. 학생글 2		
학과:	학번:	이름:
제목: 끝이 아닌 새로운 시작		

'잎싹'에겐 꿈이 있었다. 양계장의 철망 안에서 날마다 알을 낳아야 했지만, 그녀의 소원은 자신이 낳은 알을 직접 품어 생명을 탄생시키는 것이었다. 자유를 얻기 위해, 그리고 자기 꿈을 이루기 위해 잎싹은 양계장을 떠났다. 수많은 위기와 어려움을 넘어서 마침내 잎싹은 한 생명을 품고 길러냈고, 결국 '초록'을 훌륭히 키워낸다. 초록이 무리를 이끌고 떠난 뒤, 잎싹은 자신을 희생해 다른 생명을 살리고, 조용히 세상을 떠난다. 『마당을 나온 암탉』의 마지막은 감동적이지만 동시에 씁쓸하다. 잎싹은 자기 꿈을 이루었지만, 그 꿈이 그녀의 삶의 전부였기에 초록을 떠나보낸 후에는 더 이상 나아갈 길이 없었다. 나는 이 점이 무척 인상적이면서도 가슴 아프게 다가왔다. 단순히 알을 낳는 도구로 사는 것이 아니라, 직접 생명을 품고 길러내는 삶. 나는 잎싹이 주체적으로 삶을 살았지만, 그녀의 삶에서 '엄마'라는 역할이 끝났을 때, 남은 것은 없었다는 생각이 들었다.

잎싹은 초록을 떠나보내는 마지막 순간, 하늘을 보며 날아가고 싶다고 생각한다. 닭에게는 불가능한 일이지만, 그녀는 여전히 새로운 꿈을 꾸고 있었다. 하지만 그 꿈을 이루기에는 시간이 부족했다. 이 장면은 내게 깊은 인상을 남겼다. 아이를 키우는 것이 삶의 전부가 되어 버린 잎싹의 모습은 많은 여성들이 겪는 현실과 닮아 있었기 때문이다. 한 뉴스 기사에서 '빈 둥지 증후군'에 대한 이야기를 본 적이 있다. 자녀들이 독립한 후 많은 부모, 특히 어머니들이 극심한 허탈감과 우울을 겪는다는 내용이었다. 많은 나라에서 사회적으로는 여전히 육아와 가사 노동이 여성의 역할로 여겨지는 경우가 많고, 출산 후 자기 경력과 꿈을 포기하면서 살아간다. 그런 삶이 끝났을 때, 다음 목표를 찾지 못해 방황하는 것이다. 잎싹의 끝이 유독 아프게 다가온 이유도 여기에 있다. 잎싹에게는 '엄마'라는 역할 외에 다른 삶이 없었다. 만약 잎싹이 초록을 떠나보낸 후에도 자신을 위한 또 다른 목표를 가질 수 있었다면 어땠을까? 책을 보면서, 나는 우리 사회가 한 사람의 삶을 특정한 역할에 한정 짓지 않고, 다양한 꿈을 가질 수 있도록 도와주는 것이 중요하다고 생각했다. 육아도 중요하지만, 부모 역시 개인으로서 자기 꿈을 가질 수 있어야 한다.

또 인상 깊었던 부분은, 잎싹이 초록의 발목에 묶인 끈을 부리가 문드러지도록 쪼아 풀어 주는 장면이다. 잎싹의 모성은 단순한 본능적 사랑이 아니라, 성장과 독립을 위한 헌신이었다. 초록이 자기 정체성을 깨닫고 점차 그녀에게서 멀어질 때, 잎싹은 이를 붙잡지 않고 오히려 그가 청둥오리로서 살아갈 수 있도록 도왔다. 어른이란 다음 세대를 위해 자기 자리를 내어주는 존재라는 것을 잎싹은 온몸으로 보여 주었다. 초록과 잎싹을 보며, 사랑은 단순한 보호가 아니라 아이가 온전히 자신의 길을 갈 수 있도록 돕는 것이어야 한다는 깨달음을 얻을 수 있었다.

『마당을 나온 암탉』은 한 마리 암탉이 자기 꿈을 이루는 이야기이지만, 동시에 꿈을 이룬 후의 삶에 대한 질문을 던지는 작품이기도 하다. 잎싹을 보면서 나는 꿈을 이룬 후에도 우리는 계속해서 새로운 꿈을 꾸며 살아가야 한다는 것을 생각해 볼 수 있었다. 목표를 이루기 위해 달려가지만, 그 목표가 삶의 전부가 되어서는 안 된다. 잎싹이 초록을 품고 키워 낸 것처럼, 이제는 우리가 '다음 꿈'을 품을 차례다.

④ 개요 연습지

개요 연습지

텍스트의 서지 사항 (2줄)

텍스트 요약 (6줄)

글의 제목 (2줄)

서론 (5줄)

본론 1 (6줄)

본론 2 (6줄)

결론 (5줄)

더 생각하기

1. 자기 나라에서 유명한 작가나 작품에 대해 말해 보자.

2. 자기가 좋아하는 예술장르(영화, 연극, 드라마, 문학 등)는 무엇인지 생각해 보고 그 이유를 말해 보자. 또한 자기가 좋아하는 작가나 작품에 대해 친구들에게 설명해 보자.

2) 포토에세이, 사진으로 내 이야기 만들기

2-1. 포토에세이의 정의와 특성

행복한 순간이나 의미 있는 순간을 남기기 위해 많은 현대인들은 사진을 찍는다. 사진에 담기는 순간은 찰나이지만, 그 사진은 그때 그곳에서 느꼈던 감정과 서사를 사진을 보고 있는 지금 · 여기에 불러낸다. 그래서 사진에는 많은 이야기와 감정, 생각이 담겨있다.

현대의 글쓰기는 사진을 동반하는 경우가 많다. 인터넷에서 흔히 마주하게 되는 블로그, 신문과 잡지의 글뿐 아니라, 서점에서 만나는 많은 책들도 글과 사진이 함께 담겨 있는 경우가 대부분이다. 이때 사진과 글은 유기적인 관계를 맺는다. 글에 담긴 내용은 사진을 통해 시각화되고, 사진에 담긴 찰나의 순간은 글로 이야기 된다.

이처럼 사진을 함께 제시하면서 특정한 형식 없이 자유롭게 쓰는 글을 포토에세이라고 한다. 포토에세이에는 사진과 글이 함께 담겨 있는 만큼, 사진과 글은 서로 유기적으로 연결되어야 한다. 포토에세이를 통해 글쓴이는 자신을 독자에게 잘 드러내 보일 수 있으며, 삶에 대한 태도, 자신이 중요하게 생각하는 것 등을 시각화, 이미지화 하면서 전달할 수 있다. 또한 이는 자아 성찰의 기회가 되기도 한다.

포토에세이를 쓰기 위해서는 자신이 표현하고 싶은 삶의 한 단면을 드러내는 사진을 선택하고 그 사진에 담긴 이야기, 감정 등을 서술하여 독자에게 그 시공간에 대해 충분히 설명하는 것이 좋다. 자기 삶의 한 단면을 서술하면서 '나'에 대해 조금 더 구체적으로 독자에게 알려줄 수도 있다. 더불어 사진 속 시공간의 '나'를 지금 · 여기의 '내'가 되돌아보면서 그때와 지금의 자신을 비교하며 서술할 수도 있다. 그 시공간의 나에 대해 지금 · 여기의 나는 어떻게 생각하는지도 설명한다면, 독자들은 글쓴이에게 더욱 공감할 수 있을 것이다.

이렇게 포토에세이를 쓰면서, 글쓴이는 삶에서 소중한 순간을 잡아내어 자신을 성찰하는 계기를 만들기도 하고, 그때와 현재를 번갈아 바라보며 스스로의 변화와 성숙을 짚어 내기도 한다. 외국인 유학생들은 '현재, 한국의 대학'이라는 시공간에서 글쓰기를 하게 되므로, 사진 속의 자기 자신과 시공간적으로 먼 거리를 두고 있는 경우가 많다. 따라서 달라진 시공간에 따라 과거의 한 순간을 되돌아보면서 그때의 '나'와 지금의 '나'를 동시에 이해하고 성찰하는 계기를 마련할 수 있을 것이다.

2-2. 포토에세이 작성 방법

포토에세이를 쓰기는 대체로 다음과 같은 순서로 진행된다.

① 글의 주제를 생각한다. 자기 삶에 대한 것이면서 독자가 공감할 수 있는 것을 고르는 것이 좋다.

② 주제와 관련된 사진 가운데, 독자에게 이야기하고 싶은 내용이 담긴 사진을 고른다. 주제를 명시적으로 보여주는 사진도 좋지만, 언뜻 보면 주제와 관련이 없어 보이는 사진도 좋다. 주제와 사진이 잘 어울리지 않을

때 독자들은 호기심을 가지고 글을 읽게 된다. 다만, 글을 모두 읽었을 때 사진과 글의 주제가 연관되고 있음을 독자가 이해할 수 있어야 한다.

③ 사진과 글이 유기적인 관계를 맺을 수 있도록 글의 내용을 생각한다.

④ 사진과 관련하여 어떤 이야기를 쓸 것인지 개요로 정리한다.

⑤ 글의 서두에는 독자의 관심을 끄는 내용을 서술한다. 사진과 관련된 경험을 먼저 이야기해도 좋고, 사진에 대한 직접적인 설명으로 글을 시작할 수도 있다. 언뜻 관련 없는 듯 보이는 내용으로 시작하여, 사진과 연결되는 내용으로 이어지도록 만들 수도 있다. 또한, 주제를 제시하면서 글을 시작할 수도 있다.

⑥ 글에는 사진에 대한 자세한 설명이 있어야 한다. 독자가 사진만으로 파악할 수 없는 배경 정보 등을 충분히 설명하는 것이 좋으며, 사진에 담긴 사물의 의미를 차분히 설명한다. 또한 자기 생각과 감정을 진솔하게 서술한다.

⑦ 글 전체에서 자신이 말하고자 했던 내용을 결말 부분에서 간결하게 정리한다. 주제를 한 번 더 부각하는 것도 좋다.

⑧ 글 전체가 한 개의 문단이 되지 않도록 유의한다. 적절한 곳에서 문단을 꼭 나누어야 한다. 또한 간결한 문장으로 서술하는 것이 좋다.

⑨ 글에 어울리는 제목을 붙인다.

2-3. 포토에세이 작성의 실제

① 포토에세이 학생 예시글

학과:	학번:	이름:

주제: 경험하다

제목: 짧은 여행과 긴 여행, 그리고 인생 여행

지난 겨울, 친구와 외국 여행을 다녀왔다. 친구와 해외여행을 간 것은 내 생애 처음이었다. 그동안 쌓인 스트레스로 힘들었던 나는 친구와 방학이 되면 여행을 가기로 한 것이다. 이 말은 씨가 되었고, 정신을 차려 보니 어느새 우리는 비행기 표 두 장을 사고 있었다.

사진은 친구와 여행 마지막 날에 방문한 디즈니랜드에서, 폐장 전 불꽃놀이를 기다리다가 찍은 것이다. 다음 날이면 집으로 돌아가는 비행기를 타야 했기 때문에, 아쉬운 마음으로 우리는 가만히 서서 밤하늘을 빼곡히 채우는 불꽃을 구경했다. 평일인데다 날씨가 궂어서 사람이 거의 없던 디즈니랜드에서 친구와의 첫 외국 여행의 마지막 밤을 보냈다. 그렇지만 늦은 밤 호텔로 돌아가는 길에 택시를 잡지 못해서 우리는 고생을 해야 했다. 사실 낯선 곳을 여행하면서 우리는 많은 실수를 했고, 여러 번 갈팡질팡했다. 가려고 했던 식당을 못 찾고, 주문한 음식이 내가 못 먹는 것일 때도 있었다. 길을 헤매는 일도 많아서 사람들의 도움을 받기도 했다. 여행의 마지막 밤에도 같은 일이 일어난 것이다.

어쩌면 여행의 매력은 바로 거기서 오는 것 같다. 집이었다면, 소통이 편하고 환경이 익숙한 고향이었다면 굳이 하지도 않았을 고생을 해보는 것. 길을 몰라 헤매고, 말이 통하지 않아 손짓발짓을 하다가 번역기를 동원하는, 그동안 하지 못했던 경험을 하며 배우는 것. 혹여 기분이 나쁜 상황이 발생해도, "여행 왔으니까"라는 한 마디로 그냥 잊고 훌훌 털어버릴 수 있는 것. 여행이니까 불편함도 기분 나쁜 일도 재미있는 경험이 되는 것. 고향에 돌아와 친구와 헤어질 때, 우리는 서로 이렇게 말했다.

"다음에 다른 곳도 같이 가자."

"좋지, 어디로 갈까?"

힘든 일도 많았지만, 다음을 또 계획한다는 것은 여행을 통해서 얻은 경험이 소중하기 때문이다. 사람들은 사는 일이 여행과 비슷하다고 한다. 날마다 새로운 하루, 한 달, 일 년을 살아야 하고 누구든 힘든 일을 겪는다. 더구나 새로운 환경에서 공부하고 새로운 사람들과 함께 살아가는 일은 정말 큰 경험이고 도전이다. 이 봄부터 잠깐의 여행이 아닌 오랜 시간의 외국 생활을 시작한 나는, 친구와 갔던 여행을 자주 생각한다. 여행이니까 다 괜찮았던 기억. 여행이니까 좋은 경험으로 쌓였던 많은 일들. 이곳에서도 나는 조금 긴 여행을 하고 있다. 여기서 겪을 일들이 내게 많은 것을 남겨주리라 생각하면서. 그리고 또 나의 긴 인생 여행의 특별한 한 부분으로 기억하리라 생각하면서 행복한 여행을 하는 중이다. (1238자)

② 포토에세이 연습지

학과: 　　　　　　　학번:

이름:

주제:

제목:

사진: 어떤 사진을 사용할 것인지 간략히 적어 봅니다.

더 생각하기

1. 자신이 가지고 있는 사진 중에서 하나를 골라 그 사진 속에 담긴 시공간에 대해 친구들에게 설명하고, 사진 속 상황에 대해 친구들에게 말해 보자.

2. 포토에세이를 쓰기 위한 사진을 찍는다면 어떤 사진을 찍을 수 있을지 생각해 보자.

4. 기말 보고서 작성을 위한 학술글 쓰기

학술글은 대학의 학문과 관련하여 쓰게 되는 모든 글을 말한다. 과제로 제출하는 리포트, 보고서, 논문 등을 비롯하여 학문을 목적으로 하여 서술하는 모든 글이 학술글인 셈이다. 이처럼 학생들은 다양한 형식과 내용으로 학술적 글쓰기를 하고 있기에 학술글을 하나의 형식과 내용으로만 정리할 수는 없다.

다만, 다양한 형식과 내용으로 서술되는 학술글도 자세히 들여다보면 공통적으로 요구하는 요소들이 있다는 것을 알 수 있다. 그리고 학술글의 가장 일반적인 형식을 공부한다면, 다양한 학술글을 서술하는 일을 수월하게 할 수 있을 것이다. 따라서 이 책에서는 학술글의 가장 일반적인 형식과 요소를 배우고 이를 실제 글쓰기에 적용하는 법을 배워 보기로 한다.

학술적 글쓰기의 목적은 다양한 학문 목적의 글을 논리적이고 명확하게 서술하는 것이다. 일반적으로 다음과 같은 요소들이 포함될 때에 학술글은 논리성과 명확성을 갖게 되며, 이 요소들은 학술글의 기본 형식이 된다.

① 제목: 연구 주제를 선명히 드러낸다.
② 목차: 연구 내용의 순서와 내용을 요약하여 제시한다.
③ 서론: 연구의 배경과 목적, 연구방법 등을 제시하여, 주제에 대한 독자의 흥미와 공감을 이끌어 낸다.
④ 본론: 주제를 깊이 있게 서술하며 근거와 예시 등을 활용하여 독자가 이해할 수 있고 동의할 수 있도록 서술한다.
⑤ 결론: 연구 내용을 요약하고 남은 과제와 제언을 드러낸다.
⑥ 참고문헌: 참고한 문헌을 정리한다.

위에 제시한 학술글의 기본 요소들을 제시된 순서대로 서술해 나가면 형식을 갖춘 한 편의 학술글이 완성된다. 학술적 글쓰기는 대체로 다음과 같은 절차를 거쳐 작성된다.

주제잡기 → 자료 찾기 → 개요 짜기 → 학술글의 기본 형식에 맞추어 초고 쓰기(제목-목차-서론-본론-결론-참고문헌) → 수정하기 → 제출하기

위의 절차에 따라 실제 학술 글쓰기의 과정을 따라가 보자.

1) 학술글, 이렇게 시작하자

1-1. 주제 정하기

학술글의 주제는 학문을 목적으로 하는 것이라면 무엇이든 될 수 있다. 그러나 학술글의 주제를 정할 때는 몇 가지를 유의해야 한다.

① 너무 큰 주제나 넓은 주제를 피한다. 대학에서 쓰는 학술글은 대체로 그 목적이 구체적이고 분명한 경우가 많다. 목적에 맞는 글을 쓰기 위해서는 주제를 최대한 좁혀야 한다. 또한 주제가 너무 크면 독자에게 막연하고 모호한 느낌을 주게 되어, 학술글의 의미와 의의를 정확히 드러내기 어려울 수밖에 없다. 따라서 큰 주제에서 작은 주제로 주제를 좁히는 연습이 필요하다.

② 주제는 구체적이어야 한다. 학술글의 주제를 구체적으로 설정해야 관련 자료를 찾고 논리적으로 글을 구성하기 쉬워진다.

③ 글쓴이의 생각이나 관점이 선명히 드러나야 한다. 주제에 대한 글쓴이의 생각이 명확하지 않으면 독자에게 모호한 느낌을 줄 수 있다. 글쓴이가 자기 관점을 정리하고 선명하게 드러내야 독자가 글에 대해 막연하거나

모호하다는 느낌을 받지 않는다.

ㄱ. 주제 좁히기 예시

• 큰 주제: 인터넷 문화의 문제점
• 작은 주제: 인터넷 문화 - 현재 한국 인터넷 문화의 문제점 - 현재 한국 인터넷 문제 중 가짜 뉴스의 문제 - 가짜 뉴스의 사례, 가짜 뉴스의 경로, 가짜 뉴스를 만드는 이유, 가짜 뉴스에 대한 대응 방법, 가짜 뉴스가 많이 생산되는 사회 문화적 배경 등등

ㄴ. 구체적인 주제로 만들기

• 가짜 뉴스로 인한 악플 문제와 그 대응 방식
• 가짜 뉴스가 만들어지는 경로와 그 문제점
• 가짜 뉴스를 만드는 이유와 해결 방법

ㄷ. 선명하게 주제에 대한 자기 관점을 드러내기

• 가짜 뉴스로 인한 악플 문제와 그 대응 방식: 가짜 뉴스와 악플로 인해 심한 고통을 받는 사람들이 많이 있으므로 가짜 뉴스 생산에 대해 처벌을 강화해야 한다.
• 가짜 뉴스가 만들어지는 경로와 대응 방법: 가짜 뉴스를 만드는 사람들과 가짜 뉴스를 검증하지 않고 다시 퍼뜨리는 사람들이 활동하는 경로를 추적하여, 그 과정을 구체적으로 살펴보고 팩트 체크를 할 수 있는 다양한 방법을 마련해야 한다.
• 가짜 뉴스를 만드는 이유와 해결법: 가짜 뉴스는 개인의 이익을 위해 만드는 것이므로, 가짜 뉴스의 피해자가 줄어들도록 처벌을 강화해야 한다.

1-2. 자료 찾기

주제를 정했다면 주제와 관련된 자료를 찾는다. 자료가 없다면 자기 주제를 학술글로 만들어가는 데에 많은 어려움을 겪을 수밖에 없다. 모든 자료를 직접 만들어야 하기 때문이다. 또한 현대 사회에서는 여러 나라의 자료를 손쉽게 볼 수 있으므로 자료를 찾지 못하는 경우는 드물다. 오히려 꼭 필요한 자료와 그렇지 않은 자료, 신뢰할 만한 자료와 그렇지 못한 자료를 구분하고 선택하는 것이 필요하다.

일반적으로 블로그나 카페 등 인터넷 사용자가 작성하는 자료들은 검증되지 않은 것이기 때문에 신뢰할 만한 자료로 보기 힘들다. 따라서 RISS(www.riss.kr)나 KCI(www.kci.go.kr) 등에서 제공하는 검증된 자료를 활용하는 것이 좋다.

자료를 찾다가 자신보다 먼저 같은 주제로 연구한 것을 발견한다면, 그 연구와 다른 나만의 연구 내용이나 관점은 무엇인지도 함께 점검한다.

1-3. 개요 짜기

구체적인 주제를 정하고 자료를 찾았다면, 자기 생각과 자료를 적절히 배치하여 개요를 작성한다. 개요는 글의 뼈대가 되는 것으로 중요한 내용을 학술글의 형식에 맞게 배치하고 기록하는 것이다. 개요는 제목부터 목차, 서론, 본론, 결론, 참고문헌 등 학술글의 형식에 맞게 쓰고자 하는 내용을 핵심만 적는다. 완전한 문장으로 작성하지 않아도 되지만, 최대한 자세하게 작성하는 것이 좋다.

2) 직접 연습해 보는 보고서 작성

2-1. 학술글 요소별 작성 방법

① 제목

제목에는 글의 주제와 저자의 관점이 명확히 드러나야 한다. 제목만 보고도 독자가 주제와 저자의 관점을 확인하고 파악할 수 있어야 하기 때문이다.

② 목차

목차는 독자에게 제공하는 간결한 글의 설계도나 계획서와 같다. 글이 어떻게 진행될 것인지, 어떠한 과정을 통해 연구 목적에 도달할 것인지, 글의 전체적인 내용을 미리 독자에게 드러내는 것이다. 목차를 읽으면서 독자가 글의 진행 방향과 내용을 어느 정도 짐작할 수 있도록 구성해야 한다.

③ 서론

서론은 연구의 목적과 필요성, 연구 방법 등을 제시하는 글이다. 서론에서 이 부분을 명확하게 제시해야만 독자들은 본론의 구성과 내용을 구체적인 관점을 가지고 읽을 수 있다. 서론에는 일반적으로 다음과 같은 내용이 담긴다.

ㄱ. 글의 배경과 필요성: 이 연구를 왜 하게 되었는지 배경 설명을 하고, 이러한 배경 가운데, 이 연구가 필요한 이유를 서술한다.

ㄴ. 글의 목적: 연구의 배경과 필요성을 서술하면서 이 글이 왜 필요한지를 한두 문장으로 명확하게 서술한다. “이 글의 목적은 ~이다”와 같은 문장을 활용하여 선명하게 글의 목적을 독자에게 알리는 것이 중요하다.

ㄷ. 글의 목적을 이루기 위해 어떤 방법을 사용할 것인지 서술한다. 자료를 찾아 문헌 연구를 하는 것, 설문 조사나 인터뷰 등 직접 조사를 하는 것, 실험 등을 진행하는 것 등등 주제에 맞는 연구 방법을 설정하고 서

론에서 간결하고 명확하게 서술한다.

ㄹ. 용어 설명: 주제의 핵심어를 명확하게 정의하거나 정리할 필요가 있다면 가장 중요한 핵심어를 간결하게 설명한다. 하나의 용어는 독자마다 그 범주와 의미를 조금씩 다르게 이해할 수 있기 때문에, 이 글에서 저자가 주로 사용하는 핵심어의 의미를 명확하게 설명하는 것이 필요하다.

④ 본론

본론에서는 저자가 말하고자 하는 내용을 풍부한 근거와 예시 등을 활용하여 설명한다. 본론은 구체적 내용에 따라 대체로 여러 개의 장으로 나누어 서술하는 것이 좋다. 예를 들어 저자가 말하고자 하는 것, 곧 주제가 "~에 대한 문제점과 해결방안"이라면 문제점과 해결방안을 장으로 나누어 서술한다. 하나의 장 가운데 내용을 나누어 서술하고자 한다면 절로 나누어 설명할 수도 있다.

또한 본론에는 글의 설득력을 높여줄 근거와 예시 등이 풍부하게 서술되어야 한다. 자기 주장만 있고 그에 대한 객관적인 근거나 예시가 없다면 독자들은 글을 신뢰할 수 없기 때문이다. 이때 근거나 예시로 활용되는 자료들은 적절한 인용과 함께 사용되어야 하며, 자료의 출처도 명확하게 제시해야 한다.

⑤ 결론

결론은 서론과 본론에서 서술한 글의 핵심 내용이 요약되어 담겨야 한다. 이에 더하여 자기 주장이나 생각을 강조하거나, 주제에 대한 글쓴이의 제언을 서술하기도 한다. 혹은 연구에서 다루지 못한 부분을 간결하게 서술할 수도 있다.

⑥ 참고문헌

글에 인용된 모든 문헌을 참고문헌 작성법에 따라 명확히 정리한다. (교재 2장 참고)

2-2. 보고서 학생 예시글

학내 이동 시 교통약자에게 발생하는 문제점과 이를 해결할 방안
- ㅇㅇ대학교 △△캠퍼스를 중심으로 -

ㅇㅇ학과 홍길동(202512345)

목차

1. 서론

한국에서는 비교적 최근부터 교통약자의[1] 원활한 생활을 보장하기 위하여 '배리어프리'나 '유니버설디자인'이 적용된 건물과 통행로를 적극 만들어 왔다. 배리어프리(Barrier-Free)란 장애인이나 노인처럼 신체적으로나 정신적으로 어려움을 가진 사람들을 대상으로 삼은 개념으로서, 이들이 더욱 안전하고 쉽게 생활할 수 있도록, 장애물이 없는 환경을 만드는 것을 목적으로 한다. 유니버설디자인(Universal Design)

1) '교통약자의 이동편의 증진법'에 따르면 '교통약자'란 "장애인, 고령자, 임산부, 영유아를 동반한 사람, 어린이 등 일상생활에서 이동에 불편을 느끼는 사람"을 뜻한다. 우리 학교에는 이러한 유형의 사람들이 모두 드나들므로 이 용어를 활용하는 데 문제가 없다고 여겨진다.

은 여기에서 한 발짝 더 나아가 성별이나 연령, 국적이나 장애 유무와 관계없이 모든 사람이 물리적으로나 사회적으로 쾌적한 삶을 살 수 있도록 만드는 것을 목적으로 하는 개념이다.[2)]

그렇지만 이러한 개념이 도입되기 이전에 만들어진 건물에는 여전히 교통약자에 대한 배려가 부족하다는 문제가 있다. 이는 오랜 역사를 자랑하는 우리 학교의 여러 건물에도 해당하는 문제이다. 물론, 우리 학교는 지난 몇 년 동안 수차례에 걸쳐 리모델링함으로써 오래되어 사용하기에 불편했던 건물을 산뜻하고 편하게 만들도록 노력해 왔다. 하지만 리모델링을 몇 번 거쳤음에도 여전히 우리 학교의 건물과 통행로에는 교통약자에게 불편한 부분이 남아 있다는 점이 문제로 지적된다.

이에 이 글에서는 교통약자가 우리 학내에서 겪는 어려움을 살펴보고, 이를 해결할 방안을 모색해 보고자 한다. 배리어프리나 유니버설디자인에서 중점적으로 다루는 것이 교통약자의 '이동 편의'이므로, 이 글에서는 학내에서 교통약자가 가장 많이 이용할 것으로 여겨지는 이동 통로나 건물을 중심으로 논의하고자 한다. 따라서 이 글에서는 배리어프리와 유니버설디자인의 개념에 근거하여 학내에서 교통약자의 이동 편의를 방해하는 요소들을 직접 조사하고 분석하는 방법을 취하였다. 또한 이러한 문제가 실재한다는 점을 강조하기 위하여 이와 관련한 각종 신문이나 뉴스 자료들도 적극 활용하였음을 미리 밝혀 둔다. 이 글에서는 먼저 교통약자가 학내에서 이동할 때 발생하는 문제점을 살펴보고, 이후에 해당 문제를 해결할 방안을 제시해 보도록 하겠다.

2. 교통약자의 이동 편의를 방해하는 요소

교통약자들이 학내를 오갈 때 불편함을 겪을 수 있는 부분은 볼라드, 점자블록, 자동문, 보행공간과 관련되어 있다. 이것들을 차례대로 살펴보면 다음과 같다.

먼저 학내 설치된 볼라드가 교통약자의 이동을 방해하는 경우가 많다. 볼라드(bollard)란 자동차나 오토바이와 같은 차량이 보도로 올라오는 것을 막기 위해 설치한 막대 모양의 구조물이다. 차량이 보도로 올라오면 길을 오가는 보행자가 불편해지

2) 예컨대, '자동문 버튼'에 관해서도 배리어프리와 유니버설디자인은 접근 방법이 다소 다르다. 전자는 장애인만을 고려하여 자동문 버튼을 만든다면, 후자는 장애인은 물론 다양한 이용자를 고려하여 자동문 버튼을 만든다는 것이다(서울특별시, 2017: 18).

거나 위험할 수 있으므로, 볼라드는 보행자 안전을 지키기 위해서라도 꼭 있어야 하는 구조물이다. 그렇지만 보행자의 안전을 보장하기 위해 설치한 볼라드가 역설적으로 교통약자의 통행에 걸림돌이 된다는 것이 문제이다.

이러한 문제는 크게 두 가지 양상으로 분류된다. 첫째, 휠체어를 사용하는 교통약자는 볼라드를 통과할 수 없다는 점이다. 이는 우리 학교 후문과 ㅇㅇ대학 건물 앞에서 모두 발생하는 문제이다. 여기에는 여러 개의 볼라드가 일정한 간격을 두고 꽂혀 있는데 그 간격이 휠체어 너비보다 지나치게 좁기 때문이다. 따라서 휠체어를 사용하는 교통약자는 볼라드가 없는 길을 이용해야 하므로 일부러 먼 길을 돌아갈 수밖에 없다.

둘째, 볼라드가 제대로 제거되지 않아서 교통약자에게 위협이 되고 있다. 우리 학교 정문에도 볼라드가 박혀 있는데, 휠체어를 탄 사람들의 이동을 위하여 몇 개의 볼라드를 제거해 두었다. 교통약자의 이동을 방해하는 볼라드를 제거한 것은 환영할 만한 일이지만, 볼라드가 박혀 있던 자리의 구멍을 메우지 않은 것이 문제이다. 이것은 휠체어를 이용하는 사람은 물론, 일반 보행자들의 안전도 위협할 수 있는 요소이다.

다음으로 점자블록이 옳게 설치되지 않아서 제구실하지 못하고 있는 문제이다. 점자블록(Braille block)이란 교통약자 중에서도 특히 시각장애인들이 안전하게 이동할 수 있도록 도와주는 블록의 한 종류이다. 점자블록은 다양한 점과 선으로 구성되어 있는데, 이러한 점과 선은 시각장애인에게 어디서 멈추고 어디서 방향을 바꾸어야 하며 어디로 이동해야 하는지 등의 정보를 제공한다.

그렇지만 학내 설치된 점자블록은 몇 가지 문제를 가지고 있다. 첫째, 우리 학내의 통행로에 설치된 점자블록이 매우 부족하다는 점이다. 학교 정문부터 학교 중심인 학생회관까지는 열 개의 횡단보도가 있는데, 그중 두 군데를 제외하면 횡단보도라는 사실을 안내하는 점자블록이 아예 없다. 더불어 다른 보행자 통로에서도 점자블록을 찾기 어렵다. 예컨대, 우리 학교 정문에서 ㅇㅇ관까지 이어지는 점자블록을 제외하면, 나머지 보도에는 점자블록이 설치되어 있지 않다. 그나마 설치된 점자블록도 국내 표준 방식과 거리가 멀거나, 많이 파손되어 있어서 시각장애인이 실제로 이용하기가 쉽지 않아 보였다.

둘째, 우리 학교 내 건물에도 점자블록이 제대로 설치되지 않았다는 점이다. 한국의 규정에 따르면 건물 내 점자블록은 시각장애인이 계단, 승강기, 화장실 등을 구별하고 사용하는 것을 돕기 위해서 설치되어 있어야 한다.[3] 그렇지만 학생들이 자주 이용하는 건물인 본관, 학생회관, ○○관, △△관 등 네 개의 건물에는 모두 점자블록이 설치되지 않았다는 점을 확인할 수 있었다.

그다음으로 우리 학교는 건물 출입구마다 자동문이 부족하여 교통약자의 건물 출입을 방해한다는 문제가 있다. 휠체어를 이용하는 장애인이 수동문을 열려면 한 손으로 휠체어를 잡고, 다른 손과 발을 사용하여 문을 여닫아야 한다. 이는 일반인보다 훨씬 불편하고 어렵게 건물을 드나들어야 한다는 것을 의미한다. 이것은 장애인뿐만 아니라 노인에게도 문제가 된다. 노인은 지팡이나 보행 보조기를 사용하는 일이 많은데, 이러한 노인들이 수동문을 사용해야 한다면 장애인과 마찬가지로 일반인보다 훨씬 어렵게 문을 여닫아야 하기 때문이다. 그렇지만 우리 학교에서 자동문이 있는 건물은 학생회관과 □□관, ◇◇관 등 세 곳에 불과하다.

교통약자의 이동 편의를 위한 구조물이 조화를 이루지 못하고 있다는 점도 문제이다. 교통약자를 위한 자동문이 있다면, 당연히 그 옆에는 교통약자가 그 자동문까지 올 수 있도록 하는 '경사 우회로'가 있어야 한다. 그렇지만 자동문이 있는 학생회관과 □□관, ◇◇관 중에서 ◇◇관은 경사 우회로가 없다. 이와 반대로, 경사 우회로는 갖추고 있으나 자동문이 설치되지 않은 건물도 적지 않다. 이렇게 되면 경사 우회로를 굳이 설치한 의미가 없다.

끝으로 우리 학교의 보도는 교통약자가 이동하기에 적절한 너비나 상태가 아닌 곳이 많다는 문제도 있다. 보행자가 안전하고 편안하게 길을 오갈 수 있는 적절한 폭이 있는데, 이를 '통행 유효폭'이라고 한다. 만약 보도의 폭이 지나치게 좁으면 보행자끼리 부딪치거나 이동이 쉽지 않게 되며, 때에 따라서는 보행자가 차로로 내몰리기도 한다. 따라서 사람이 많이 오가는 통행로에서는 통행 유효폭이 충분해야 하는데, 관련 규정에서는 대체로 이를 2m 정도로 권장하고 있다.[4]

하지만 필자의 조사에 의하면 우리 학교는 보도의 유효폭이 2m도 안 되는 곳이 적지 않다. 예를 들어, 정문과 ◇◇관을 오가는 보도는 그 폭이 1.5m 정도에 불과하다. 또한 보도 중간마다 가로수가 있어서 안 그래도 좁은 보도가 더욱 좁게 느껴진다.

3) '장애인 · 노인 · 임산부 등의 편의증진 보장에 관한 법률 시행규칙'에는 "점형블록은 계단 · 장애인용 승강기 · 화장실 등 시각 장애인을 유도할 필요가 있거나 시각 장애인에게 위험한 장소의 0.3미터 전면, 선형블록이 시작 · 교차 · 굴절되는 지점에 이를 설치하여야 한다."라는 규정이 있다.

4) 이상, 서울특별시(2017: 39–40).

더불어 ◇◇관 근처의 보도는 전동 킥보드가 어지럽게 주차되어 있어서 일반인조차 다니기 어려울 정도이다. 교통약자는 이러한 통행로를 다니기 어려울 수밖에 없다.

통행 유효폭이 충분한 곳인데도 해당 보도가 제대로 관리되지 않아서 발생하는 문제도 있다. 대표적으로 학교 정문에서 학생회관까지 이어지는 보도를 들 수 있다. 이 보도는 너비가 거의 5m에 이를 정도로 유효폭이 넉넉하기에 교통약자가 원활하게 오갈 수 있을 것으로 생각하지만, 실제로는 그렇지 않다. 여기에는 출입이 금지된 자전거나 전동 킥보드와 같은 이륜차가 수시로 다니고 있기 때문이다. 예컨대 교통약자는 물론 일반인들도 이러한 이륜차가 지나다닐 때마다 깜짝 놀라며 황급히 몸을 피하는 모습을 자주 볼 수 있다. 이는 학내 이륜차 운행을 엄격하게 관리하지 않아서 발생하는 문제이다.

3. 교통약자의 이동 편의를 높일 방안

교통약자가 학내를 안전하고 원활하게 오가려면 다음과 같이 구조물과 제도를 보완해야 한다. 먼저 구조물을 보완할 방안부터 살펴보겠다. 첫째, 볼라드가 빠져서 생긴 구멍은 하루라도 빨리 메워서 교통약자가 다치지 않도록 배려해야 할 것이다. 그리고 볼라드 간격이 좁아서 휠체어가 통과하기 어려웠던 문제는, 해당 볼라드 간격을 조절함으로써 해결할 수 있다. 즉, 휠체어가 통과하는 곳의 볼라드 간격만 넓혀 둔다면, 볼라드의 본래 기능을 유지한 채 교통약자의 원활한 이동도 보장할 수 있다.[5]

둘째, 교통약자의 동선을 고려하여 점자블록을 대대적으로 새로 설치해야 한다. 점자블록을 가장 먼저 설치해야 할 곳은 학교 정문부터 학생회관에 이르기까지 존재하는 횡단보도이다. 또한 점자블록이 없는 보도에도 점자블록을 추가로 설치해야 한다. 가령, 아래의 그림과 같이 학교 정문에서 학생회관까지 오는 보도는 양쪽에 충분한 폭의 보도가 있는데도 한쪽에만 점자블록이 있다. 이것은 시각장애인이 양쪽 보도를 이용할 수 있다는 가능성을 고려하지 않은 처사이다.

5) 볼라드 양 끝의 간격을 넓히면 그곳으로 오토바이를 비롯한 이륜차가 드나들 가능성이 있다. 이때 양 끝을 반원 모양의 철제 구조물로 둘러싸면, 휠체어만 지날 수 있다. 여기에 대해서는 김은정(2022.6.7.) 참조.

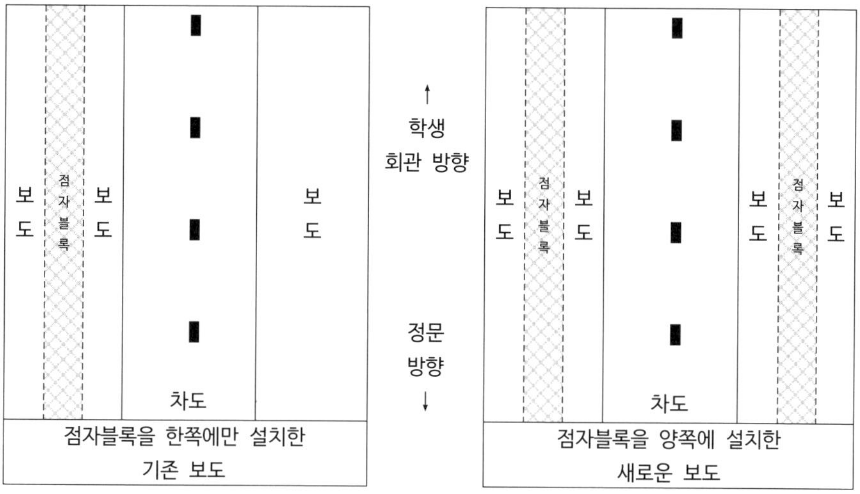

▲ 그림 1)

기존에 설치된 점자블록도 보완해야 한다. 학생회관 건물에서 □□관으로 이어지는 곳에 설치된 점자블록은 국내 표준 방식이 아니므로, 해당 구간의 점자블록은 표준 방식으로 바꾸어야 한다. 또한 정문에서 학생회관으로 이어지는 보도의 점자블록은 일부 파손된 부분이 있는데, 이 부분은 꼭 수리되어야 할 것이다.

한편, 이와 별개로 학교 건물 안에도 점자블록을 설치해야 한다. 학내 모든 건물 안에 점자블록을 설치하기가 어렵다면, 학생들이 자주 이용하는 건물인 본관, 학생회관, ○○관, △△관부터 점자블록을 설치해야 한다.

셋째, 학내 건물의 출입문에서 자동문 비율을 높여야 한다. 물론 학내 모든 건물의 모든 출입구를 자동문으로 교체하는 것이 가장 이상적이겠으나, 이것은 현실적으로 불가능하다. 따라서 현재로서는 학생 출입이 가장 잦은 건물을 중심으로 하여 출입문을 교체할 것을 제안해 본다. 이때 교체되는 출입구는 당연히 경사 우회로를 갖추고 있는 출입구여야 할 것이다. 그래야 교통약자의 이동 편의를 보장하는 방식이 서로 조화를 이룰 수 있기 때문이다.

넷째, 통행 유효폭을 넓힐 수 있는 보도는 그 폭을 넓혀야 한다. 우리 학교 정문에서 ◇◇관으로 이어지는 보도는 대략 1.5m 정도인데, 이 보도 옆에는 자전거 통행을 위한 1m 정도의 여유 도로가 있다. 그런데 이 자전거 통행로는 거의 사용되지 않을뿐더러, 이곳이 대체로 자동차 불법 주차의 용도로 사용된다는 현실을 고려하면 이 여유 도로를 보도로 통합하는 것이 훨씬 나을 듯하다. 이렇게 되면 정문에서 ◇◇관으로 이어지는 보도의 유효폭이 2.5m로 확장되어 여기를 지나는 교통약자나 일반 보행자는 훨씬 수월하게 이동할 수 있게 된다.

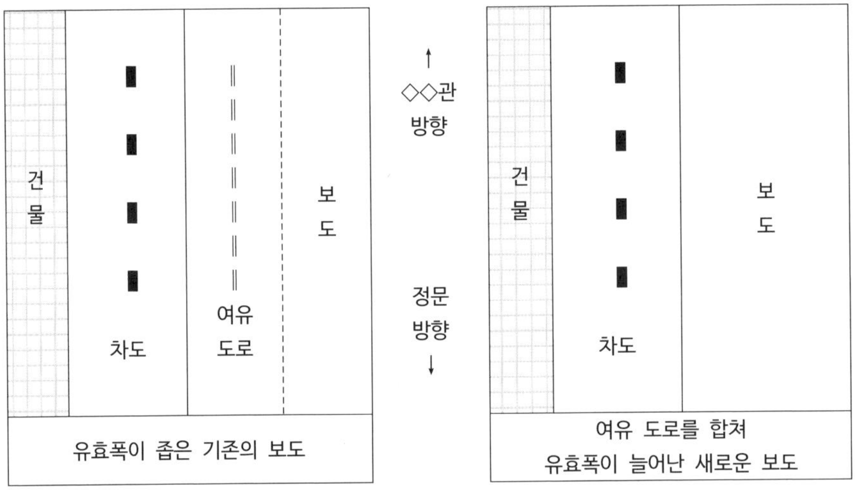

▲ 그림 2)

이번에는 제도를 보완할 방안을 살펴보겠다. 첫째, 이륜차가 다닐 수 있는 곳과 그렇지 않은 곳을 확실히 구분하여 교통약자가 이륜차로부터 받는 위협을 줄여야 한다. 구조물의 미비함과는 별개로 학내 이동하는 교통약자를 위협하는 것은 바로 이륜차이다. 위에서 언급한 바와 같이, 우리 학교 정문에서 학생회관까지 이어지는 보도는 가장 넓은 통행 유효폭을 갖추고 있다. 그렇지만 자전거나 전동 킥보드가 불규칙하게 이 보도를 넘나들며 보행자의 안전을 위협하는 경우가 많아서, 통행 유효폭이 보행자의 안전을 적극적으로 보장한다고 보기 어렵다. 그러므로 이륜차가 해당 보도에 진입하지 못하도록 관련 규칙을 정비하고,[6] 나아가 일정 간격마다 볼라드를 설치하여 이륜차가 보도에 드나들지 못하도록 해야 할 것이다.[7]

6) 아예 이륜차만 따로 다닐 수 있는 도로를 확보하는 것도 하나의 방법일 수 있으나, 이것은 이 글의 논의 범위를 넘어서는 것이므로 여기에서는 따로 다루지 않기로 한다.

7) 물론 이 경우 휠체어가 통과할 수 있도록 볼라드 양 끝부분 간격을 늘려 두어야 할 것이다.

둘째, 전동 킥보드가 무분별하게 주차되어 교통약자가 차로로 내몰리는 일도 막아야 한다. 여기서 가장 문제가 되는 것은 바로 공유 킥보드이다. 학생들이 사용한 공유 킥보드는 대부분 수업이 있는 강의실 건물 앞에 주차되어 있는데, 공유 킥보드 업체들이 이 킥보드를 제때 수거하지 않아서 이 주차된 킥보드들 때문에 통행 유효폭이 줄고 있다는 것이 핵심 문제이다. 이 문제를 해결하려면 공유 킥보드를 주차할 공간을 충분히 마련하거나, 혹은 공유 킥보드 업체가 주차된 킥보드를 빨리 수거하도록 강제하거나, 공유 킥보드 이용자가 주차를 올바르게 할 수 있도록 꾸준한 교육이 이루어져야 할 것이다. 그렇지만 첫 번째와 두 번째 방안은 현실적이지 않으며, 세 번째 방안은 원하는 효과를 달성하기 어렵다는 아쉬움이 있다. 그러한 의미에서 학내에서는 공유 킥보드를 탈 수 없도록 금지하는 것도 좋은 방법으로 여겨진다. 이미 한국 내 여러 대학교에서 공유 킥보드 사용에 제한을 걸고 있다는 점을 감안하면,[8] 우리 학교도 충분히 이 방법을 취할 수 있으리라 생각한다.

셋째, 교통약자가 더욱 원활하게 학내를 다닐 수 있도록 배리어프리 지도나 유니버설디자인 지도를 만들 필요가 있다. 배리어프리 지도나 유니버설디자인 지도란, 교통약자에게 우회 경사로나 엘리베이터, 자동문 등의 시설이나 구조물의 유무를 미리 알려주는 도구이다. 교통약자가 이러한 지도를 적절히 활용한다면, 건물에 출입할 수 없어서 헛걸음하거나 다른 길로 돌아가야 하는 일을 방지할 수 있다. A 대학과 B 대학은 이미 일찍부터 배리어프리 지도를 작성하여 교통약자의 이동 편의를 돕고 있는데,[9] 우리 학교 역시 이러한 지도를 작성하여 배포할 필요가 있다. 우리 학내 장애학생지원센터는 물론, 학교 홍보 자료나 학내 지도에도 배리어프리 지도나 유니버설디자인 지도를 첨부하면 더욱 좋은 효과를 얻을 수 있을 것이다.[10]

---

8) 필자가 조사한 바에 의하면, 전동 킥보드의 사용을 전면 금지하였거나 한시적으로 금지한 대학은 가천대학교, 강원대학교, 동국대학교, 성신여자대학교, 숭실대학교, 이화여자대학교, 한국외국어대학교, 한국체육대학교, 한양대학교 등이다(2025학년도 1학기 기준).

9) 연세대학교 장애학생지원센터, 배리어프리 지도, https://ablecenter.yonsei.ac.kr/ablecenter1/volunteer04.do
김수현(2021.5.3.). 교내 배리어프리맵 구축, '장벽 없는 캠퍼스'를 향한 발걸음, 성대신문, https://www.skkuw.com/news/articleView.html?idxno=22763

10) 최근 여러 대학에서 학내 지도를 QR 코드로 배포하는 비율이 크게 늘었다는 점도 참고된다. 학내 표지판이나 지도가 있는 구조물, 학교 정문이나 후문 등에 배리어프리 지도나 유니버설디자인 지도를 QR 코드로 변환해 두면, 교통약자들이 훨씬 쉽게 해당 지도를 이용할 수 있을 것이다.

4. 결론

우리 학교에는 배리어프리나 유니버설디자인이 적용되지 않은 건물과 도로가 많아서 교통약자가 원활하게 이동하기가 쉽지 않다. 여기에는 부적절하게 설치된 볼라드나 점자블록, 지나치게 좁은 보도처럼 교통약자의 통행로를 방해하는 요소, 부족한 수의 자동문처럼 교통약자의 건물 출입을 불편하게 하는 요소가 있었다. 이러한 구조물에서 비롯된 문제 외에도, 보도에 올라오는 이륜차나 주차된 공유 킥보드가 교통약자를 위협하는 교통문화의 문제도 존재하였다.

이에 이 글에서는 구조물과 제도의 보완을 통해 해결할 방안을 제안하였다. 구조물 면에서는, 문제가 되는 볼라드와 점자블록을 바로잡거나 보완하고, 경사 우회로가 있는 건물에는 자동문을 설치하며, 교통약자가 다닐 만한 보도의 유효폭을 넓힐 필요가 있었음을 피력하였다. 한편, 제도 면에서는 보도에 이륜차가 무단으로 통행하거나 이륜차를 무분별하게 주차하는 행위를 금하도록 하였으며, 교통약자에게 배리어프리 지도나 유니버설디자인 지도를 제공하도록 하였다.

본래 배리어프리나 유니버설디자인은 물리적 제약 외에도 사회적 장벽까지도 극복하는 것을 목적으로 삼고 있다. 분량의 한계로 이 글에서는 사회적 제약과 관련되는 문제를 다루지 못하였으나, 이는 후속 논의에서 다루고자 한다.

참고문헌

1. 김수현(2021.5.3). 교내 배리어프리맵 구축, '장벽 없는 캠퍼스'를 향한 발걸음, 성대신문, https://www.skkuw.com/news/articleView.html?idxno=22763
2. 김은정(2022.6.7). 작은 관심이 쏘아 올릴 큰 변화, 그들의 관점에서 한 번 더 돌아보길, 서울시립대신문, https://press.uos.ac.kr/news/articleView.html?idxno=13247
3. 서울특별시(2017). 서울시 유니버설디자인 통합 가이드라인. 서울특별시 문화본부 디자인정책과.
4. 교통약자의 이동편의 증진법[시행 2025. 2. 17.][법률 제19674호, 2023. 8. 16., 일부개정]
5. 연세대학교 장애학생지원센터, 배리어프리 지도, https://ablecenter.yonsei.ac.kr/ablecenter1/volunteer04.do
6. 장애인 · 노인 · 임산부 등의 편의증진 보장에 관한 법률 시행규칙[시행 2023. 12. 11.] [보건복지부령 제983호, 2023. 12. 11., 일부개정]

2-3. 보고서 연습지

주제-자료-개요-초고(제목, 목차, 서론, 본론, 결론) 쓰기 연습

※ 주제

* 큰 주제

** 작은 주제

*** 구체적인 주제

**** 주제와 주제에 대한 나의 관점

※ 자료

* 내가 찾은 자료의 서지사항: 책, 논문, 기사, 인터넷 자료 등

1.

2.

3.

※ 개요

주제:

제목:

※ 목차:

① 서론

② 본론

1)

2)

3)

③ 결론

④ 참고문헌

※ 개요

① 서론: 글의 배경과 필요성, 글의 목적, 연구방법, 용어 정리

② 본론

1) 나의 주장과 근거, 예시, 자료

2) 나의 주장과 근거, 예시, 자료

3) 나의 주장과 근거, 예시, 자료

③ 결론: 본론 요약, 주장 강조 및 제언

④ 참고문헌

더 생각하기

1. 전 세계에서 일어나는 많은 일들 가운데, 자신은 어떤 문제에 관심이 있는지 친구들과 함께 말해 보자.

2. 자기 나라에서 가장 큰 사회 문제는 무엇인지 생각해 보자.

3. 자기 나라와 관련된 학술글을 쓴다면 어떤 주제를 쓸 수 있을지 생각해 보자.

5. 말하기를 위한 글 쓰기

1) 발표문, 청중을 사로잡는 글쓰기

1-1. 발표의 정의와 특성

발표는 청중 앞에서 특정 주제에 대해 자기 연구 결과와 생각을 말로 전달하는 것이다. 발표의 중요성은 점점 커지고 있는데, 현재 한국에서는 대학 생활에서뿐 아니라 사회생활에서도 프레젠테이션 방식의 발표가 널리 활용되고 있다. 발표와 프레젠테이션을 잘하면, 청중들에게 좋은 평가를 받을 수 있고, 주장하는 바를 설득하기도 쉽다.

현재 대부분의 발표는 PPT 프로그램 등의 보조 자료를 활용하여 청중들의 집중을 유도하고, 흥미롭게 구성하여 진행한다. 발표와 프레젠테이션은 말하기로 진행되지만, 발표를 하기 위해서는 발표문을 먼저 작성하고, 이를 PPT 등으로 요약하여 청중들에게 보여줄 자료를 미리 만들어야 한다. 따라서 발표와 프레젠테이션은 글쓰기를 기반으로 하는 말하기라고 볼 수 있다.

프레젠테이션을 통한 발표를 하면, 청중에게 어떤 주제에 대한 정보와 나의 연구 결과, 생각 등을 간결하고 명확하게 전달하기 쉽다. 또한 보조 자료를 활용하여 프레젠테이션을 하면 청중들이 내 생각과 주장에 집중하기 쉬우므로 청중을 설득하기도 쉽다. 더 나아가 청중의 행동이나 실천이 필요한 경우, 자료와 그에 대한 적절한 설명을 기반으로 청중의 변화도 이끌어 낼 수 있다. 더불어 자료 활용과 말하기를 결합하여 새로운 정보와 생각을 전달할 때 청중이 흥미롭게 들을 수 있다.

프레젠테이션은 일반적으로 다음의 순서에 따라 진행한다.

① 발표문 작성
② PPT 만들기: 글의 핵심 내용을 정리하고 그것을 기준으로 PPT 등의 보조자료를 만든다.
③ 말하기 연습과 발표: 청중이 누구인지 생각하고 그들의 눈높이에 맞는 말하기를 연습한다. 적절한 어휘 사용, 명확하고 간결한 문장으로 말하는 것이 좋다.
④ 비언어적 말하기: 청중 앞에 서는 만큼 말하기의 태도가 무척 중요하다. 시선, 제스처, 목소리 크기, 목소리 톤 등을 세심하게 체크해 보자. 또한 적절한 복장을 갖출 필요가 있다.

1-2. 발표문 작성 방법

청중에게 전달하고자 하는 주제와 내용을 잘 정리하여 한 편의 글로 완성한다. 글의 형식은 발표 주제에 따라 다르게 선택해야 하지만, 대학에서는 대체로 서론, 본론, 결론의 형식으로 글을 쓴다. 학술글의 형식을 활용하면 좋다. 다만, 말하기를 전제로, 존대어를 기본으로 하는 격식 있는 구어체를 사용하는 것이 좋다. 또한 서론, 본론, 결론의 형식을 적용하되, 말하기의 순서대로 글을 작성한다.

말하기를 위한 발표문의 내용을 다음의 순서대로 간단하게 적어 보자.

발표 주제:

발표 내용

서론:

본론:

결론:

마지막으로 강조할 것:

1-3. 발표 자료 만들기

프레젠테이션을 하기 위해서는 발표문을 기반으로 하여 보조자료를 만들어야 한다. 발표자의 발표 내용에 맞는 시각 자료를 활용하여 청중들의 이해를 돕기 위한 것으로, 주로 PPT 등의 프로그램을 활용한다.

발표 자료의 표지에는 발표 제목과 발표자의 이름을 분명히 표기한다. 이후 발표의 순서를 간단히 정리한 목차를 제시하고, 서론-본론-결론에 해당하는 내용을 차례로 제시한다. 발표 자료에는 발표문의 핵심 내용을 정리해서 담는 것이 좋다. 발표자의 주장(생각)을 명확하고 간결하게 담거나, 많은 정보가 한 눈에 정리된 표, 그래프, 그림 등을 보여주면서 설명하면 좋다. 한 페이지에 너무 많은 정보가 담기면 청중의 몰입도가 떨어지고 너무 적은 정보가 담기면 청중이 이해하기 쉽지 않다.

◎ 여러 가지 발표 자료 예시

- 메테르니히가 실각하자 3월 18일, 베를린에서도 대규모 봉기가 발생
- 군대와 혁명군의 시가전 끝에 프리드리히 빌헬름 4세가 사격 중지 명령을 내림
- 군대를 철수시키고 프로이센 헌법을 제정하기 위해 프로이센 국민회의를 소집하겠다고 약속

프리드리히 빌헬름 4세

[예1] **적절한 분량의 글과 그림**

출처: 한국위키피디아

[예2] 너무 적은 양의 정보

「행랑자식」, 「인간문제」, 「유년의 물」, 「완득이」, 「위저드 베이커리」 중 하나의 작품을 선택하여 읽고 '리얼리즘 성장소설, 모더니즘 성장소설, 청소년 성장소설'의 관점에서 분석합니다. 다음의 내용을 포함해야 합니다.

1. 글의 맨 위에 학과, 학번, 이름을 적고, 다음 중에는 작품의 서지사항(작가, 제목, 출판사, 출판연도)를 적습니다.
2. 작품에서 1) 주인공이 세계와 어떤 문제가 있는지, 2) 그 문제는 주인공을 어떤 모습으로 만들었는지, 혹은, 그 문제를 해결하는 방법으로 주인공이 선택한 것은 무엇인지 서술해야 합니다.(번호를 붙이지 않고 단락 나누기를 하면서 전체를 한 편의 글로 서술합니다.)
3. 갈등이나 성장이 드러나는 작품의 한 부분을 한 단락(5-10문장 사이) 정도 인용합니다. 이는 글쓴이의 주장을 뒷받침하는 근거로 활용합니다.
4. 제출 기한: 년 월 월요일 18:00~홈페이지-학사정보-수업/시험-온라인출석과제물제출에 제출. 과제물은 반드시 학교시스템(교강사 이메일 등으로 제출 불가능)으로 제출
5. 분량: 2,000자 내외(공백포함)
6. 점수: 30점
7. 과제나 수업 관련 질문: ha******@hanmail.net 박oo

[예3] 너무 많은 양의 정보

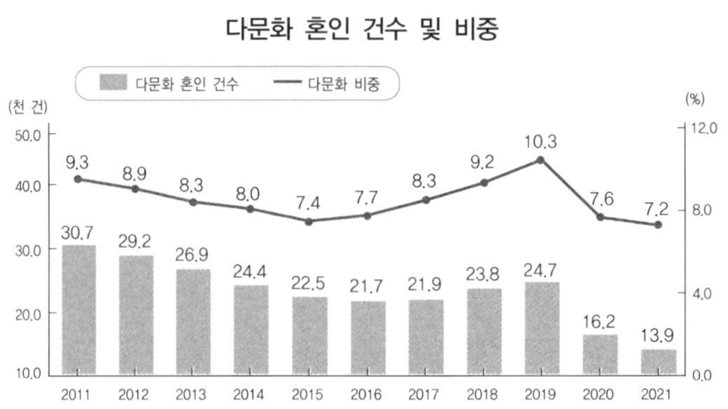

[예4] 그래프 등을 활용하여 설명하는 경우

1-4. 발표하기

발표할 때는 청중이 발표자의 말을 알아듣고 이해하는 것이 가장 중요하다. 따라서 표준어를 사용하되 발음을 명확히 해야 한다. 공식 언어인 표준어로 말해야 발표를 듣는 여러 사람들이 발표 내용을 쉽게 이해할 수 있기 때문이다.

또한 문장을 말하기로 전달하는 것이므로 너무 길지 않은 문장으로 말하는 것이 좋으며, 너무 빠르게 말하지 않는 것이 좋다. 문장과 문장 사이에 잠깐의 침묵 등을 통해 청중의 생각이나 대답을 이끌어 낼 수도 있다. 대부분의 경우, 발표 시간이 제한되어 있으므로, 발표 시간을 고려하여 발표의 양과 속도를 조절한다. 더불어 한국어의 억양에도 유의해야 한다.

1-5. 비언어적 말하기

발표는 청중 앞에서 진행하기 때문에, 발표자의 태도나 몸짓 등도 청중에게 전달된다. 따라서 발표자는 적절한 손짓과 몸짓, 표정 등 비언어적인 말하기에도 유의할 필요가 있다. 또한 발표 자료만 들여다보지 말고 청중들과 시선을 교환하는 것도 필요하다. 글을 기반으로 말하기를 하는 것이지만, 청중들과 대화하는 듯한 태도를 보일 때 청중은 소통한다고 느끼게 된다.

2) 토론문, 내 입장에서 조리 있게 말하기

토론문이란 발표를 듣고 난 후 그에 대한 토론자의 생각을 논리적으로 서술하는 글을 말한다. 토론하기 위해서는 발표 주제와 그에 대한 발표자의 생각을 명확히 정리할 수 있어야 한다. 또한 발표자가 사용한 근거나 예시의 적절성도 따져볼 수 있어야 한다. 이렇게 발표 내용을 정리, 분석한 후에 토론자는 발표자의 주제에 대한 자기 생각을 정리한다. 이는 발표자의 생각과 같을 수도 있고 다를 수도 있다. 혹은 발표 내용에 대해 일부분 동의하거나 일부분만 미흡하다고 평가할 수도 있다. 이렇게 발표 주제에 대해 자기 생각을 정리했다면, 그것을 구체적이고 논리적으로 서술한다.

토론문에는 토론자의 생각이 선명히 드러나야 한다. 또한 발표에 대한 평가도 구체적으로 담겨 있어야 한다. 발표자의 관점뿐 아니라 근거나 예시로 사용한 내용에 대해서도 사실을 확인하고, 그것이 주제에 적절하게 적용된 것인지 판단해야 한다. 더불어 발표 내용에 논리적 오류 등은 없는지도 확인해야 한다. 미흡한 내용이 있다면 그 부분에 대해 질문할 수도 있다. 이 모든 것을 꼼꼼히 정리한 이후 이를 간결하게 글로 서술한다.

① 토론문 학생 예시글

❖ 「학내 이동 시 교통약자에게 발생하는 문제점과 이를 해결할 방안」에 대한 토론문

「학내 이동 시 교통약자에게 발생하는 문제점과 이를 해결할 방안」은 우리 학교에서 교통 약자들이 겪는 불편함과 그 해결방안을 살펴본 글이다. 장애인 학생들과 같은 교통약자가 수업을 듣기 위해 건물을 이동할 때 어떤 어려움이 있는지를 구체적으로 잘 짚어주었다. 또한 장애의 유형마다 느끼는 불편함이 다르기 때문에 해결방법도 달라야 하는데, 이 발표는 교통약자가 겪는 어려움마다 어떤 해결방법이 있는지도 잘 설명하고 있다. 게다가 도로 등을 그림으로 알려주어서 이해가 더 잘 되었다. 이 발표의 내용에 전체적으로 동의한다. 그러나 다음의 내용은 조금 더 생각해 볼 필요가 있다.

첫째, 해결방법이 조금 더 구체적이었으면 한다. 이 발표에서 제안한 해결방법 가운데, 건물에 자동문을 설치하거나 모든 도로와 건물에 점자블록을 설치하는 것에 대해서는 특별한 계획이 있는지 학교에 먼저 문의해야 한다고 생각한다. 학교 예산은 미리 정해져 있고 사용처도 정해져 있기에 이를 확인하고, 학교에 건의하는 것이 학생들이 할 수 있는 구체적인 방법이라고 생각한다.

둘째, 이 문제를 해결하기 위해 학생들이 참여할 수 있는 방법을 같이 알려주면 좋을 듯하다. 베리어프리 지도 등을 만드는 것은 예산이 많이 드는 일이 아니므로,

발표를 듣고 있는 학생들이 학교 담당자에게 건의할 방법을 알려준다면, 우리 학교가 발전하는 데 많은 학생이 참여할 수 있을 것이다.

마지막으로 발표할 때 발표자의 말이 너무 빨라서 잘 이해가 되지 않은 부분이 있었다. 조금 천천히 정확하게 설명해 준다면 청중이 더 잘 이해할 수 있을 것이다. 그리고 발표자가 발표할 때 청중의 얼굴을 보지 않고 발표문만 쳐다보고 읽는 데만 집중했기 때문에, 발표를 들으면서 대화하는 듯한 느낌이 들지 않았다. 발표자가 청중들을 보면서 천천히 발표하면 더 잘 이해할 수 있을 것이라고 생각한다.

더 생각하기

1. 발표할 때 어떤 것을 미리 준비하면 좋을지 생각해 보자.

2. 자기가 속한 문화에서 발표자들이 지켜야 하는 예의는 어떤 것이 있는지 친구들과 말해 보자.

3. 토론할 때 어떤 태도가 좋은지 생각해 보자.

주석 찾아보기

1) 사진은 '한글홍보대사(https://hangeul.prkorea.com/hangeul20/)'에서 가져옴.

2) "여러 연구에 의하면 읽거나, 읽고 쓰는 행위는 인간의 뇌를 변화시킨다. 읽고 쓰는 사람은 문해력이 없는 이들보다 뇌에서 시력과 언어 능력을 담당하는 영역이 더 많이 활동한다. 또 8~12세 이동이 독서를 많이 하면 뇌 속의 연계성이 증가하는 인지적 이득이 생기지만 영상 매체에 많이 노출되면 그런 연계성이 감소한다고 한다."
"현대인이 AI가 주는 여러 편리한 기능을 굳이 활용하지 않을 이유는 없다. 책은 그럼에도 직접 글을 쓰는 것은 인간의 마음을 고양하고, 타인과의 공감대를 키우고 인류의 정신세계를 확장하는 데 불가결한 일이라고 강조한다."
이세원(2025.1.12.) AI시대에 인간이 직접 써야 하는 이유…신간 '쓰기의 미래', 연합뉴스. https://n.news.naver.com/mnews/article/001/0015154264?sid=103

3) 전재학(2021). 글쓰기 교육, 사고력 개발의 전부다, 에듀프레스. https://www.edupress.kr/news/articleView.html?idxno=7323

4) 서울시립대학교 연구윤리 규정(일부개정 2023-01-31, 규정 제2148호) https://research.uos.ac.kr/node/683

5) 인용하기에 대해서는 2.2에서 자세하게 배운다.

6) 출처 표시 방법에 대해서는 2.2에서 배울 예정이다.

7) APA 스타일은 미국심리학회(American Psychological Association)가 제공하는 인용 가이드이다. 이에 대한 더 자세한 사항은 다음의 사이트(https://citation.sawoo.com/ref/guide/apa)를 참고하면 된다.

8) 그래서 "A 아니라 B"는 A와 B라는 두 개의 문장으로 쉽게 나눌 수 있다. 그렇지만 "~이 아닌 N"은 두 개의 문장으로 나누기가 어렵다.

9) '~지 않다', '~지 못하다'가 '안'이나 '못'보다 글자 수가 많으므로 긴 부정문이라 부른다.

10) '~문'의 '문'은 문장(文章, sentence)을 가리키는 말이다.

11) 이유, 근거 등에 대해서는 4.2에서 자세하게 배울 것이다.

12) 한국은 상대방에게 무엇인가를 요청할 때, 특히 아랫사람이 윗사람에게 무엇인가를 요청할 때 직접적으로 말하는 것을 꺼린다. 원래 요청이나 부탁이란 상대방이 움직이도록 만드는 것인데, 아랫사람이 윗사람에게 부탁하는 것은 결국 윗사람이 무엇인가를 하도록 만드는 행위이다. 한국은 이렇게 아랫사람이 윗사람에게 무엇인가를 하도록 하는 것을 예의가 없다고 생각한다. 이러한 한국 문화를 잘 모르는 유학생이 업무용 이메일에서 표현을 직접적으로 하게 된다. 그 학생은 자기도 모르는 사이에 예의 없는 사람이 되어 버릴 수 있다.

13) 그밖에 '씀'도 있다. '씀'은 보통 친구 사이나 자기보다 어린 사람에게 보낼 때 쓰는 표현이다. 다만, '씀'은 공적 관계에서는 쓰이지 않으므로 여러분이 업무용 이메일에서 '씀'을 사용할 일은 없을 것이다.

14) 대학원 입학을 위한 자기소개서에서 학업 계획 영역이 없을 수도 있는데, 이때는 제출해야 할 서류에 '학업계획서'나 '연구계획서'가 따로 있는 경우이다.

15) 이 절은 아래의 책에 나오는 '논증하기'의 개념에 기반한다.
조셉 윌리엄스, 그레고리 콜럼(2021). 논증의 탄생. (윤영삼 역). 크레센도.

16) 통계나 설문 자료는 적어도 최근 3년 이내의 자료를 활용해야 한다. 최근 자료가 중요한 주제일수록 가장 최근 자료를 인용할 수 있도록 노력하자.

부록

APPENDIX

1. 유학생을 위한 한국어 글쓰기 필수 어휘
2. 연습문제 정답 및 해설

부록

유학생을 위한 한국어 글쓰기 필수 어휘

1. 간결하다(簡潔하다) (concise, to the point)

   ① 간단하고 깔끔하다.

   ② 간단하면서도 짜임새가 있다.

   [예] 그는 간결한 말로 소감을 대신했다.

   그의 동작은 매우 빠르면서도 간결했다.

2. 관련하다(關聯하다/關連하다) (be related to, be relevant to)

   [~과] [~에] 둘 이상의 사람, 사물, 현상 따위가 서로 관계를 맺어 매여 있다.

   [예] 이 일과 관련하여 여러 사람이 조사를 받았다.

   그 주제에 관련한 모든 논저를 검색하여 읽어 보았다.

3. 구체적(具體的) (specific)

   ① 사물이 직접 경험하거나 지각할 수 있도록 일정한 형태와 성질을 갖추고 있는.

   ② 실제적이고 세밀한 부분까지 담고 있는.

   [예] 이 글을 쓰기 위해 필요한 구체적인 자료를 찾으려 한다.

   서론에서는 필요성과 배경을 구체적으로 서술해야 한다.

4. 근거(根據) (basis)

   어떤 일이나 의논, 의견에 그 근본이 됨. 또는 그런 까닭.

   [예] 명확하고 구체적인 근거가 있어야 글의 설득력이 높아진다.

   그 주장은 근거가 없어서 받아들여지지 않았다.

5. **다양하다(多樣하다)** (vary, be diverse, be varied)

모양, 빛깔, 형태, 양식 따위가 여러 가지로 많다.

[예] 그 주제는 접근하는 방식이 **다양하다.**

세상에는 **다양한** 사람이 있다.

6. **명확하다(明確하다)** (obvious)

명백하고 확실하다.

[예] **명확하게** 당신의 의견을 서술하세요.

글쓰기에서는 **명확하지** 않은 표현을 조심해야 한다.

7. **모호하다(模糊하다)** (ambiguous)

말이나 태도가 흐리터분하여 분명하지 않다.

[예] 자기의 생각을 **모호하지** 않게 서술해야 한다.

모호한 표현을 사용하면 독자가 이해하기 쉽지 않다.

8. **문헌(文獻)** (literature, academic literature, written sources)

① 옛날의 제도나 문물을 아는 데 증거가 되는 자료나 기록.

② 연구의 자료가 되는 서적이나 문서.

[예] 이 논문에서는 17세기와 18세기 **문헌**을 분석하고 있다.

그는 AI와 관련한 여러 **문헌**을 참고하였다.

9. **미흡하다(未洽하다)** (insufficient)

아직 흡족하지 못하거나 만족스럽지 아니하다.

[예] 학술글은 서론, 본론, 결론을 다 갖추어야 **미흡한** 글이 되지 않는다.

아직 실력이 **미흡하여** 더 배워야 한다.

10. **분량(分量)** (length, amount, volume)

수효, 무게 따위의 많고 적음이나 부피의 크고 작은 정도.

[예] 기말 과제의 **분량**은 A4 5장 이내이다.

드라마의 이번 회차에서는 주인공 **분량**이 대폭 줄었다.

11. 비판하다(批判하다) (criticize)

[~을] [~고] 현상이나 사물의 옳고 그름을 판단하여 밝히거나 잘못된 점을 지적하다.

[예] 그 친구는 내 생각이 적절하지 않다고 **비판했다.**

이 글의 문제점을 **비판하면서** 나의 생각도 넓어졌다.

12. 사고하다(思考하다) (think)

[~을] 생각하고 궁리하다.

[예] 글쓰기를 하기 위해서는 먼저 무엇을 쓸지 **사고해야** 한다.

인공지능의 도입이 사회에 미칠 영향을 깊이 **사고할** 필요가 있습니다.

13. 서술하다(敍述하다) (describe)

[~을] 사건이나 생각 따위를 차례대로 말하거나 적다.

[예] 다음 문제를 읽고 알맞은 답을 **서술하시오.**

감상문에서 자신의 느낌과 생각을 진실되게 **서술해야** 좋은 글이 된다.

14. 수정하다(修整하다) (revise)

[~을] 고치어 정돈하다.

[예] 휴가가 취소되는 바람에 기존의 여행 계획을 모두 **수정해야만** 했다.

글을 **수정할** 때는 올바른 문장으로 서술되었는지 따져봐야 한다.

15. 업무(業務) (task, work, responsibility, assignment)

직장 같은 곳에서 맡아서 하는 일.

[예] 그의 **업무**는 회의를 준비하고 사무실을 정리하는 일이었다.

그는 너무 많은 **업무** 때문에 회사에서 늘 피곤해했다.

16. 요약하다(要約하다) (summarize)

[~을] [~을 으로] 말이나 글의 요점을 잡아서 간추리다.

[예] 다음 글을 읽고 내용을 A4 한 장으로 **요약하시오.**

시간이 없다면 본론을 **요약한** 부분만 읽어보세요.

17. 작성하다(作成하다) (compose, write, draft)

[~을] 서류, 원고 따위를 만들다.

[예] 그 학생은 늦은 밤까지 보고서를 작성했다.

그가 작성한 메모는 매우 중요한 증거로 인정되었다.

18. 제고하다(提高하다) (improve)

[~을] 쳐들어 높이다.

[예] 그 회사는 영업 이익을 제고하기 위해 좋은 인재를 채용하려 한다.

많이 읽고, 많이 쓰면 글쓰기 실력을 제고할 수 있다.

19. 제시하다(提示하다) (present, propose, offer)

[~에게 ~을] 어떠한 의사를 말이나 글로 나타내어 보이게 하다.

[예] 형은 동생에게 두 가지 해결 방법을 제시했다.

그가 제시한 근거는 매우 논리적이었다.

20. 주장하다(主張하다) (argue)

[~을] [~고] 자기의 의견이나 주의를 굳게 내세우다.

[예] 그는 또 다른 인공지능이 등장할 것이라고 주장했다.

김 교수는 글쓰기에 관한 새로운 이론을 주장했다.

21. 청중(聽衆) (audience)

강연이나 설교, 음악 따위를 듣기 위하여 모인 사람들.

[예] 강연할 때는 청중의 숫자와 연령, 그리고 수준을 생각해야 한다.

그는 수천 명의 청중 앞에서 노래를 불렀다.

22. 추측하다(推測하다) (guess)

[~을] [~을 ~으로] [~을 ~고] 미루어 생각하여 헤아리다.

[예] 형은 그 사람의 나이를 10대 초반으로 추측했다.

그는 누나가 그릇을 깨뜨렸을 것이라고 추측했지만, 실은 고양이의 실수로 벌어진 일이었다.

23. 출처(出處) (source, reference)

사물이나 말 따위가 생기거나 나온 근거.

[예] 우리는 이 책의 정확한 **출처**를 확인할 수 없었다.

글쓰기에서는 출처가 명확한 **자료**만 사용해야 한다.

24. 타인(他人) (others, another person, someone else)

다른 사람.

[예] 사회생활에서는 **타인**을 배려하는 태도가 중요하다.

그는 **타인**과 갈등을 일으키지 않으려고 노력했다.

25. 해결하다(解決하다) (solve)

[~을] 제기된 문제를 해명하거나 얽힌 일을 잘 처리하다.

[예] 이 문제를 **해결할** 수 있는 방법을 찾아서 서술해야 한다.

본론을 수정해서 글의 문제를 **해결했다.**

26. 해당하다(該當하다) (apply to, be relevant to, fall under)

[~에/~에게] 어떤 범위나 조건 따위에 바로 들어맞다.

[예] 이 사건은 중대 범죄에 **해당한다.**

이 혜택은 신규 회원에게 **해당하는** 서비스이다.

27. 활용하다(活用하다) (use, utilize, make use of)

[~을 ~에] [~을 ~으로] 도구나 물건 따위를 충분히 잘 이용하다.

[예] 그는 다양한 자료를 효과적으로 **활용했다.**

AI를 **활용한** 비즈니스 성공 사례는 다음과 같다.

연습문제

정답 및 해설

II. 글쓰기, 윤리를 지키자!

1. 글쓰기 윤리와 AI

1) 글쓰기에서 절대 하면 안 되는 일

연습문제 31쪽

A. 출처를 밝히지 않고 자료를 가져다 쓴 것이므로 표절이다.

B. 다른 사람의 아이디어도 출처를 밝히지 않고 가져다 쓴다면 표절이다.

C. 출처를 밝힐 때는 책 제목 외에도 양식에 따라 다양한 정보를 표시해야 한다.

D. 널리 알려져 있으며 학계에서 기본으로 통용되는 내용은 굳이 출처를 표시할 필요가 없다.

E. 인공지능이 글을 대신 썼는데 그 사실을 밝히지 않았다면, 그것은 올바른 저자 표시가 아니다.

F. 참고문헌은 해당 글에서 어느 부분에 무엇이 어떻게 인용되었는지를 전혀 알려주지 못한다. 필자는 인용을 통해 다른 사람의 자료를 가져다 쓴 곳을 정확하게 표시해야 한다.

G. 다른 사람의 글이 자기 글에서 차지하는 비중이 거의 50%이다. 이것은 인용과 참고문헌을 작성했는지와는 별개로 표절에 해당한다.

H. 이미 어떤 수업에 제출했던 과제물을, 다른 수업에 제출하여 학점을 얻는 것은 부당한 중복게재이다.

2. 정직하게 글을 쓰는 방법

연습문제 45쪽

A. 아침 산책은 '세로토닌'이라는 호르몬을 활성화하여 우리의 정신을 맑게 만들어 주며, 햇빛을 통해 비타민 D를 생성하여 우리의 뼈를 건강하게 만들어 주기 때문이다(홍길동, 2018).

혹은,

홍길동(2018)에 따르면, 아침 산책은 '세로토닌'이라는 호르몬을 활성화하여 우리의 정신을 맑게 만들어 주며, 햇빛을 통해 비타민 D를 생성하여 우리의 뼈를 건강하게 만들어 주기 때문이다.

B. 1. 노턴, 엘리자(2023). 기억의 언어. (윤해인 역). 오송출판사.
2. 박성애, 김한결(2024). 웹툰으로 세상 읽기. 페이트.
3. Cole, Ethan(2025). Learning Bias in Small Language Models. *AI Review, 11(1)*, 55–68.
4. Harper, Daniel(2025). *The Memory of Light.* Solis.
5. Taylor, Morgan(2023). Microbial Dye Conversion in Wastewater. *Green Chemistry Letters, 42(3)*, 215-223.

Ⅲ. 글쓰기, 기초를 다져보자!

1. 좋은 문장 만들기

1) 의미를 정확하게 전달하는 문장

연습문제 1 55쪽

A. 중국과 일본은 문화적 배경이 비슷한 이웃 나라로서 서로의 문화를 잘 이해하고 있다.
B. 일본에 〈보보경심〉(步步驚心)이 방영된 이후부터 이와 비슷한 중국 드라마는 일본에서 인기를 얻기 시작했다.
C. 성형수술을 하는 목적은 외모나 신체 상태를 개선하는 것이다. 그래서 성형수술은 수

술을 받는 사람에게 자신감을 높여준다는 긍정적 효과가 있다.

D. 음식물 쓰레기를 소각 처분할 때 나오는 이산화탄소가 지구온난화의 주요 원인 중 하나로 꼽힌다. 또한 소각된 음식물 쓰레기는 매립장에 묻히게 되지만, 이러한 쓰레기 매립장이 부족하다는 점도 문제이다.

연습문제 2 56쪽

A. 저는 ㅇㅇ 대학교**에서** 4년 동안 한국어를 배웠습니다.

B. 따뜻한 봄날이라 그런지 공원**에**는 사람들이 많이 있었다.

C. ㅇㅇ대학교 정문 앞**에서** 교통사고가 발생하여, 지금 도로가 통제 중입니다.

D. 손흥민은 한국의 춘천**에서** 태어나서 축구를 시작하였으나, 16세부터는 독일**에** 가서 축구 선수로 활동하였다.

연습문제 3 58쪽

A. 내 친구는 쉽사리 다른 사람에게 **다가가려고** 하지 않는다.

B. 그는 고등학교를 **졸업하고/졸업한 후에** 한국에 와서 한국어를 배웠다.

C. [결론에서] 이러한 단점을 **살펴보았다.**

D. [결론에서] 설문조사를 통해 여러 가지 문제점을 알 수 **있었다.**

E. 당시 중국 시청자들에게 일본 드라마는 오락일 뿐만 아니라 다양한 정보의 **원천이었다.**

연습문제 4 61쪽

A. 영화나 드라마는 ㅇㅇ**에** 큰 영향을 끼친다.

B. 이 요리는 올바르게 만들면 **맛이/향이** 풍부하고 포만감이 있다.

C. 필자가 한국에 유학한 이유는 중학교 때부터 K-팝을 **좋아해서이다/했기 때문이다.**

D. 성형수술의 주요 목적은 외모 개선이며, **성형수술은** 개인의 자신감을 향상하는 데 기여한다.

E. 한국과 일본은 가까운 나라이면서 사용하는 식재료도 비슷하다. 그래서 **두 나라는** 서로의 음식을 즐기는 경우가 많다.

2) 대학 글쓰기에 어울리는 표현

연습문제 1 63쪽

A. 결국**에는** 그러한 차이도 인정해야 한다.

B. 일 때문에 **좋지 않은** 영향을 미치기도 한다.

C. 그 문제만큼은 **여자 친구와** 생각이 다를 수밖에 없었다.

D. 다른 나라의 식사 예절을 고려해야 하는 **것이** 중요하다.

E. 미성년자일 **때는** 부모님의 품 안에서 어찌할 **수는** 없었지만 …

연습문제 2 64쪽

A. 이는 젊은 세대가 전통문화를 새롭게 수용하고 해석~~하는 것을 반영~~한 것이었다.

B. ~~전문적인 초밥~~ 전문가가 직접 만들어 주는 초밥은 재료에 따라서 모양이 달라지기도 한다.

C. ㅇㅇ의 노동법에 따르면 "…"라고 규정하고 있다. 교육 공무원은 이 제약에 해당된다~~고 규정하고 있다~~.

연습문제 3 65쪽

A. 서울은 인구가 많은 **특징을 가진** 도시이다.

B. 중국과 일본은 문화의 **유사성을 가진**가 유사한 이웃나라로서 …

C. ㅇㅇ 기업은 20ㅇㅇ년부터 **여러 가지 다양한** 연구를 시도해 왔다.

D. 제 고향은 중국 ㅇㅇ인데 **북방 지역**이라 매우 **추운 특징이 있습니다춥습니다.**

E. 하노이는 수도이고 호치민 역시 대규모 도시라서 **이사해도** 두 도시의 생활 환경은 크게 다르지 않습니다.

연습문제 4 67쪽

A. 이 글의 연구 목표는 성형수술에 대한 학술적 이해를 도모하는 것이다.

B. 이 글의 내용은 인공지능의 발달이 인간 삶에 미치는 영향을 고찰하는 것이다.

혹은, 이 글은 인공지능의 발달이 인간 삶에 미치는 영향을 고찰하고 있다.

C. 그 남편은 육아나 살림은 하지도 않으면서 아내에게 가끔 비싼 옷이나 가방을 사주기만 했다.

연습문제 5 69쪽

A. 식자재 마트에서 팔다 나온 음식이나 **반품된 음식**, 음식점에서 먹다 남은 음식들 …

B. 아르바이트 **장소를 유형별로** 나누어 보면, **음식점**이 30.0%, **술집**이 27.5%, 편의점이 25.0%로 가장 높은 비율을 차지했다.

C. 이 드라마의 주된 내용은 법의학자들이 사건을 해결해 가는 과정이다. 여기에는 다양한 해부학 정보가 등장하여 이 드라마는 **법의학자**에 관한 이미지를 긍정적으로 바꾸는 계기가 되었다.

2. 논리적 문단 만들기

연습문제 1 72쪽

A. 인덕션의 특징: 문장으로 표현되지 않았다.

B. 하이라이트는 어떠한 방식인가?: 마침표(.)가 아니라 물음표(?)로 끝맺음했다.

C. 인덕션과 하이라이트 방식의 비교: 문장으로 표현되지 않았다.

연습문제 2 73쪽

A. 대학에서 영어로 수업을 진행하는 수업, 이른바 '영어매개강의'는 그 숫자를 더욱 늘릴 필요가 있다.[핵심 문장] 영어매개강의는 학생의 실제 영어 사용 능력을 향상시키기 때문이다. 20○○년도에 발표된 ○○의 논문에 따르면, 영어매개강의를 들은 학생들은 영어 의사소통 실력이 높아졌다고 한다. 특히 이러한 효과는 영어 수준이 높은 학생들 사이에서 훨씬 좋았던 것으로 확인되었다.[뒷받침 문장]

B. 드론은 여러 영역에서 영상을 확보하거나 물건을 나르는 용도로 쓰이고 있다.[핵심 문장] 가령, 군대에서는 드론을 통해 정찰이나 감시 임무를 수행하며, 방송 업계에서는

다채로운 영상을 만들기 위해 드론으로 공중 촬영을 하기도 한다. 또한, 물류 산업에서는 택배 배송에, 농업에서는 농약 살포나 작물 관리에 드론을 적극 활용하고 있다.[뒷받침 문장] 이처럼 드론은 다양한 분야에서 그 가치를 인정받고 있다.[맺음 문장]

C. 문어와 오징어는 비슷하게 보이지만 여러 면에서 다르다.[핵심 문장] 첫째, 문어는 다리가 8개이지만 오징어의 다리는 10개이다. 둘째, 문어의 눈은 다리 반대쪽에 가깝지만 오징어는 눈이 다리쪽에 가깝게 자리 잡고 있다. 셋째, 문어와 오징어는 빛에 대한 반응에서도 차이가 있는데, 문어는 어두운 곳을 좋아하지만 오징어는 밝은 곳을 좋아한다. 넷째, 문어의 먹물은 잘 분산되지만, 오징어의 먹물은 자기 몸을 잘 감싸는 성질이 있다.[뒷받침 문장] 즉, 문어와 오징어는 다리 수, 눈의 위치, 빛에 대한 반응, 먹물의 성질에 따라 차이를 보인다.[맺음 문장]

D. ㅇㅇ대학교 한국어교육센터의 교재는 유학생 수준에 맞게 바뀌어야 한다.[핵심 문장] 현행 교재는 등급이 다양하지 않아서 유학생들 사이에서 불만이 많기 때문이다. 유학생의 한국어 능력은 한국어능력시험(TOPIK)의 여섯 단계로 매겨지는데, 현행 교재는 초급 · 중급 · 고급이라는 세 개의 등급으로만 나뉘어 있다는 문제가 있다. 얼마 전 ㅁㅁ에서 실시한 설문조사에 의하면, ㅇㅇ대학교 한국어교육센터에서 수강하는 유학생의 무려 ㅇㅇ%가 지금의 교재 등급이 적절히 나뉘지 않았다고 답하기도 했다.[뒷받침 문장] ㅇㅇ대학교 한국어교육센터의 교재가 개편되어야 할 이유가 바로 여기에 있다.[맺음 문장]

연습문제 3 74쪽

A. 학교 체육 시설을 시민에게 개방해서는 안 된다, 학교 체육 시설을 일반 시민에게 개방하지 말자 등.

B. 학내에서는 공유 킥보드 사용을 금지해야 한다, 학교에서는 공유 킥보드를 사용해서는 안 된다 등.

C. 대학 축제에 연예인을 부르지 말아야 한다, 대학 축제에서는 연예인 공연을 금지해야 한다, 대학 축제에서 연예인이 나와 공연하는 것을 금지해야 한다 등.

연습문제 4 76쪽

A. 핵심 문장과 관련이 없는 "경복궁 옆에는 한국 전통 가옥이 모여 있는 북촌한옥마을도 있어서 많은 사람들이 경복궁과 함께 방문한다."를 삭제한다.

B. 핵심 문장과 관련이 없는 "따라서 전기 요금이 상대적으로 저렴한 초음파식을 사용해야 한다."를 삭제한다.

C. 하나의 문단에 두 개의 중심 생각이 있으므로 두 가지 중심 생각 중 하나를 삭제한다.

Ⅳ. 다양한 글쓰기를 해보자!

1. 바로 써먹는 실용글 쓰기

1) 학교 이메일, 이렇게 쓰자.

연습문제 1 81쪽

A. 학생이 성적 이의 신청을 위해 담당 교수에게 보낸 이메일.
→ 업무용 이메일

B. 학생이 그동안의 안부를 전하기 위해 부모님에게 보낸 이메일.
→ 친교용 이메일

C. 학생이 장학금 신청서를 내기 위해 학과 조교에게 보낸 이메일.
→ 업무용 이메일

D. 학생이 여행 사진을 공유하기 위해 같은 전공의 동기에게 보낸 이메일.
→ 친교용 이메일

E. 학생이 유학생 관련 규정을 문의하기 위해 학교 직원에게 보낸 이메일.
→ 업무용 이메일

F. 학생이 출입국 사무소에 비자 관련 문제를 문의하기 위해 출입국 사무소 직원에게 보낸 이메일.
→ 업무용 이메일

연습문제 2 83쪽

모두 공적인 관계에서 쓰는 메일이므로 높임말을 써야 한다.

연습문제 3 84쪽

친하든 친하지 않든 업무용 이메일에서는 이모티콘을 쓸 수 없다.

연습문제 4 84쪽

모두 이메일을 받는 사람이 받아들이기 어려운 내용이므로 적절한 이메일이라 보기 어렵다.

연습문제 5 87쪽

A. 출석으로 인정되지요?

C. 출결을 출석으로 처리해 주십시오.

D. 출석으로 처리해 주시면 고맙겠습니다.

→ 위 세 가지 문장 모두 출결 처리에 관한 선택권을 받는 사람에게 주지 않았으므로 적절하지 않은 표현이다.

B. 출석 인정이 되는지 궁금합니다.

E. 이러한 경우에 출석 처리가 어떻게 되는지 알려주시면 감사하겠습니다.

→ 위 두 가지 문장 모두 출결 처리에 관한 선택권을 받는 사람에게 주었으므로 적절한 표현이다.

연습문제 6 90쪽

A. 이메일 제목과 부르는 말, 그리고 끝인사가 없다. 또한 본문에서 이메일을 쓴 목적이 정확하게 표현되지 않았다.

B. 이메일 제목이 적절하지 않다. 부르는 말, 보내는 사람(~ 올림/드림)이 없다. 또한 본문에서 '감사하다'가 무엇에 관한 감사인지 나타나지 않았다.

C. "빠른 답변 부탁합니다."와 같은 표현은 아랫사람이 윗사람에게 하기에 적절하지 않다.

2. 생각을 잘 정리하는 분석글 쓰기

1) 핵심만 담는 요약의 기술

연습문제 111쪽

A. 한국은 2024년에 여름철 평균 기온이 상승하여 냉방기기 수요와 전기 사용량이 급증하였다.

B. 반려동물은 책임감 있게 키워야 한다, 반려동물은 가벼운 마음으로 키워서는 안 된다, 반려동물을 키우는 것은 신중하게 결정해야 한다 등.

C. 충분한 수면을 취하면 신체적 · 정신적 건강을 유지할 수 있다, 신체적 · 정신적 건강을 유지하기 위해서는 잠을 충분히 자야 한다 등.

D. 사회적 거리두기는 전염병의 급격한 확산을 막는 효과적인 방법이다, 전염병이 급격히 퍼지는 것을 막기 위해서는 사회적 거리두기를 시행해야 한다 등.

E. 아침 산책은 정신과 신체 건강을 유지할 수 있도록 한다, 정신 건강과 신체 건강을 위해서 아침 산책을 매일 해야 한다 등.

2) 내 생각을 설득력 있게 펼치는 방법

연습문제 1 116쪽

A. 우리 학교 주변 상권이 부실하므로 주변 상권을 활성화해야 한다.
→ 주장이 주제 범위를 넘어서므로 적절하지 않다.

B. 기숙사생 선발 방식과 기숙사 택배 관리 시스템을 보완할 필요가 있다.
→ 한 문장에 두 개의 주장이 있으므로 적절하지 않다.

C. 학교 온라인 강의실에 로그인할 때 로그인 실패가 되지 않도록 해야 한다.
→ 주장의 범위가 지나치게 좁으므로 적절하지 않다.

D. 보행자의 안전을 위하여 학내 통행로와 개인형 이동장치를 관리할 방안을 마련해야 한다.
→ 한 문장에 두 개의 주장이 있으므로 적절하지 않다.

연습문제 2 118쪽

A. 지금의 학교 식당 메뉴는 학생들에게 선호도가 낮으므로 학생들이 좋아하는 메뉴를 개발해야 한다.

B. 기숙사 학생 위원회는 기숙사 학생들의 권익을 보장하고 그들의 목소리를 대변해야 한다.

연습문제 3 124쪽

A. 우리 학교에 재학 중인 유학생들은 적지 않은 경제적 어려움을 겪고 있기 때문이다.
→ 이유

B. 또한 우리 대학의 라운지는 그 성격이 뚜렷하지 않아서 학생들이 사용할 때 불편함을 겪기도 한다.
→ 근거

C. 학교를 홍보할 매뉴얼을 정해 놓으면, 매년 학교를 홍보할 때마다 홍보 방향이 달라지지 않고 일관성 있게 홍보를 진행할 수 있기 때문이다.
→ 이유

D. 지난 학기의 학생회 보고서에 따르면 학생회 투표는 학생 자치 활동이므로 대학에서는 이를 공식적으로 지원하고 홍보할 만한 근거가 없다고 한다.
→ 근거

E. 20ㅇㅇ년에 ㅇㅇ에서 발표된 통계에 의하면, 우리 대학은 유학생은 ㅁㅁ명으로서 서울 시내 대학교 중 유학생 수가 가장 적은 학교라는 점을 알 수 있다.
→ 근거

F. 학생회관 식당을 이용하는 학생 100명을 대상으로 한 설문에서, 학생 식당을 이용하지 못했다고 응답한 학생 중에서 80%가 '먹고 싶었던 메뉴가 품절되어서'를 그 이유로 들었다.
→ 근거

연습문제 4 125쪽

A. 우리 학교는 플라스틱 쓰레기를 효과적으로 처리할 방안을 마련해야 한다.[주장] 시험 기간마다 학내 곳곳에서 플라스틱 쓰레기가 넘쳐나서 문제가 되기 때문이다.[이유] 기말고사 기간 이후 발행된 학교 신문에 따르면, 매 학기 시험 기간마다 중앙도서관 쓰레기통에는 플라스틱 쓰레기가 산더미처럼 쌓여서 학우들에게 불쾌감을 주는 것으로 조사되었다.[근거] 학내 청소를 담당하는 직원들도 치우자마자 다시 금방 쌓이는 플라스틱 쓰레기를 처리하느라 너무 힘들었다는 인터뷰 자료도 있었다.[근거]

B. 학내에서는 공유 킥보드의 사용을 금지해야 한다.[주장] 학내에서 규정 속도보다 훨씬 빠르게 달리는 공유 킥보드는 보행자를 위협하기 때문이다.[이유] 공유 킥보드 문제를 집중적으로 다룬 우리 학교 신문 제ㅇㅇ호에 의하면, 달리는 공유 킥보드 때문에 위협을 느꼈다는 학생이 응답자의 60%를 넘은 것으로 확인되었다.[근거] 또한 공유 킥보드는 아무 데나 주차되어 학생들이 걸려 넘어지게 하거나 돌아서 가게 만드는 문제도 있다.[근거] 학내 대표 온라인 커뮤니티인 ㅇㅇ에서는 최근 6개월 사이 이와 관련한 불만이 지속적으로 제기될 만큼, 무분별한 킥보드 주차 문제가 심각하다.[근거]

연습문제 5 126쪽

한국어를 익히는 가장 좋은 방법은 한국 드라마를 자주 보는 것이다. 실제 상황에서 사용되는 언어 표현을 자주 접하는 것이 그 언어를 배우는 데 효과적이기 때문이다. 스티븐 크라센(Stephen Krashen)의 '이해 가능한 입력 가설'(Comprehensible Input Hypothesis)에 따르면, 드라마, 영화, 책처럼 자연스러운 상황을 접하는 것이 언어 학습에 효과적이라고 한다. 뿐만 아니라, 김ㅇㅇ(2020)에서는 한국 드라마를 활용해 공부한 외국인들이 일반 교재만을 사용해 공부한 외국인들보다 한국어 구사 능력이 약 30% 더 높았다고 보고하기도 하였다. 이것은 해외 대학의 여러 사례를 통해서도 입증된다. 2024년 ㅇㅇ재단의 조사에 따르면, 한국어 학과가 있는 해외 대학의 40%가 한국 드라마를 교육 자료로 적극 활용하고 있다고 한다. 따라서 한국어 학습자들이 한국 드라마를 자주 시청한다면, 한국어 능력을 효과적으로 높일 수 있다.

■ **박성애**
한국현대문학 연구자.
대학에서 글쓰기를 가르치고 있으며 교양 수업과 글쓰기 교육에 관하여 연구하고 있다.

■ **김한결**
한국어학 연구자.
대학에서 글쓰기를 가르치고 있으며 교양 수업과 글쓰기 교육에 관하여 연구하고 있다.

외국인을 위한 글쓰기

초판발행 2025년 7월 30일 **1판 1쇄 발행**

지은이 박성애 김한결
펴낸이 최용구 | **펴낸곳 도서출판 신정**
주소 (04316) 서울시 용산구 원효로 89길 19 (원효로1가)
전화 02)3211-4782, 0266(영업부), 3211-4783(편집부), 3211-4784(팩스)
이메일 sjbook2002@naver.com | **홈페이지** www.sjbook.co.kr
등록 2001년 5월 11일 제13-702호
기획마케팅 최용구 장만동 최충구 송대용 | **책임편집** 석기은 황가연

ISBN 978-89-5912-946-1 93710
정가 **15,000원**